高木一彦 / 역자 이미숙

일본어의 형태론

저자서문

　언어연구나 언어교육에 있어서는 「언어」와 「언어활동」그리고 「언어작품」의 의미를 깊이 인식하는 일이 중요하다. 「언어」는 민족이 공유하는 공통의 지식체계이며, 언어활동은 언어를 사용하는 말하기·듣기·쓰기·읽기라는 특정개인의 활동이고 그 결과의 산물이 언어작품이다.

　언어의 기본적인 기초단위는 「단어」이며 「문」은 언어활동을 구성하는 최소단위이다. 언어활동·언어작품을 구성하는 문은 특정개인이 언어의 체계로부터 단어를 선택하여 조합함으로써 만들어진다. 언어활동이나 언어작품은 그 생산자인 특정개인에게 책임이 있으므로 권리를 주장하는 일도 가능하다. 문과 단어의 분화를 인식하고, 그 연관성을 명확히 인식하면 할수록 훌륭한 언어연구나 언어작품을 만들어 낼 수 있으며 훌륭한 교육을 할 수 있는 것이다. 훌륭한 언어작품은 많은 사람들로부터 호응을 받게 되고, 자연히 민족공유의 자산이 된다. 이 이행은 언어를 훌륭한 것으로 만들며, 사회구성원(민족)을 훌륭한 언어의 전수자로 길러내게 된다. 연구와 교육은 서로를 보완·지탱한다. 이 버팀목이 결여되면 실천도 의미가 없게 된다.

「이들」의 실천은 자연언어를 구체적으로 다룸으로써 가능하다. 이 효과를 올리기 위해 언어와 언어활동과 언어작품의 각 체계를 그 기초부터 계통적으로 학습해야 한다. 그렇게 함으로써 개별적인 것과 그 상호연관의 학습내용과 방법이 이루어지는 것이다.

본서는 일본어라는 언어에 있어 「단어의 어형」의 특질을 해명하기 위해 그 문법적인 측면, 특히 문의 성분을 만드는 방법을 기본에서 출발하여 알기 쉽게 서술한 것이다. 대학에서 초보적인 교재로 사용한 것이지만, 중고생들도 알기 쉽도록 가능한 한 내용을 쉽게 썼다.

2003년 12월
다카기 가즈히코

목 차

【저자 서문】 1

서 론 7
  제 1 장 언어활동과 언어 9
  제 2 장 문 12
  제 3 장 단어와 형태소 17
  제 4 장 품사 21
    1) 명사 24
    2) 동사 25
    3) 형용사 26
    4) 부사 27
  제 5 장 형태론의 임무 30

제 1 부 단어의 어형 31
  제 1 장 단어의 어형이란? 33
  제 2 장 활용과 곡용 35
  제 3 장 기본어형과 파생어형 37
  제 4 장 어순과 형태변화, 굴절과 교착 41
  제 5 장 문법적 기능·의미범주와 범주내에서 대립하는 어형 48

제2부 단어의 어형체계 ... 51
제1장 동사의 어형 ... 54
1) 동사의 어휘·문법적 특징 ... 54
2) 동사의 기본적 기능 ... 56
3) 동사의 기본적 기능과 의미, 그 어순과 형태변화 ... 57
4) 문법적 파생동사 ... 79
5) 어휘·문법적 계열과 그 형태변화와의 관계 ... 89
6) 동사의 어휘·문법적 계열 ... 92
7) 절대진술성·상관진술성·상대진술성 ... 96
제2장 형용사의 어형 ... 98
1) 형용사의 어휘·문법적 특징 ... 98
2) 형용사의 기본적 기능, 어순과 형태변화 ... 99
3) 형용사의 기본적 기능과 의미, 어순과 형태변화 ... 100
4) 형용사의 의미개괄 ... 105
5) 형용사의 어휘·문법적 계열과 활용 ... 107
제3장 명사의 어형 ... 111
1) 명사의 어휘·문법적 특징 ... 111
2) 명사의 기본적 기능, 어순과 형태변화 ... 112
3) 명사의 기본적 기능과 의미, 어순과 형태변화 ... 114
4) 명사의 부차적 기능과 의미, 어순과 형태변화 ... 128
5) 전성된 파생명사 ... 131
6) 명사의 어휘·문법적 계열(예) ... 133
제4장 부사의 어형 ... 137
1) 부사의 어휘·문법적 특징 ... 137
2) 부사의 기본적 기능, 어순과 형태변화 ... 138

3) 부사의 어휘·문법적 의미특징의 집합과 그 계층성 ················ 139
  4) 부사로의 전성 ·· 150
  5) 부사의 어휘·문법적 계열 ·· 151
  6) 부사의 강조 ·· 156
 제5장 서법적 단어 ·· 157
  1) 진술사 ··· 158
  2) 접속사 ··· 161
  3) 감탄사 ··· 162
 제6장 품사의 정리 ·· 164
  1) 실사(주요품사) ·· 164
  2) 서법적 단어 ·· 165

제3부 어형구성을 위한 보조적인 것 ································· 167
 제1장 코퓰라 ·· 170
 제2장 후치사 ·· 172
 제3장 종속접속사 ·· 174
 제4장 종조사·접속조사·인용조사 ·· 175

【형태론의 기술을 마치면서】 ··· 180
【참고문헌일람】 ··· 182
【역자후기】 ··· 190

서 론

제1장 언어활동과 언어

 인간은 소통(communication)을 위해 「단어(word)」를 사용하여 「문(sentence)」을 만든다. 이렇게 문을 만들어 「말하고 듣고, 쓰고 읽고, 생각하는」 활동은 특정 개인의 특정 장소에서의 특정 활동으로, 이를 언어활동(speech, parole)이라 한다.
 인간은 자신의 편의에 맞추어 생활한다. 사회 및 자연과 마주하고 현실을 인식하며 원하는 세계를 상상하며 무언가를 실현하기 위해 행동한다. 언어활동은 이러한 인간의 행위의 일환이며 그 행위의 일부이다.
 인간은 문을 만들고 문을 배열하여 「이야기(문장)」를 구성한다. 만들어 낸 문과 그 음성의 흐름의 방향으로 배열한 이야기를 발화(utterance)·담화(discourse)·텍스트(text)라 부른다.
 「문」은 개인이 그때 그 자리에서 아는 것을 전하거나 의문사항을 묻거나 원하는 일을 이루기 위해 타인에게 권유하는 기능을 한다. 문은 이 같은 기능을 담당하기 위한 최소의 단위이며, 동시에 「말하고 듣고, 쓰고 읽고, 생각하는」 언어활동의 최소단위이다.
 「단어」는 문을 구성하는 소재로, 민족공유[1]의 지식이며 공통화된 일반적 추상물이다. 잘못 이해하거나 잘못 사용하면 지적을 받게 된다. 단어의 사전적 의미는 그 단어로 가리킬 수 있는 모든 것에 공통되는 최소한

---

1) 하나의 민족이 하나의 언어를 사용하는 일본어나 한국어 등의 경우에 해당됨.
 (역자주)

의 특성을 의미특징으로 치환하여 그 최소한을 단어의 소리로 표현한 것이다. 이렇게 추상화되고 이중으로 일반화된 단어의 의미를 단어의 「어휘적 의미」라 한다. 단어는 문에 사용되었을 때, 비로소 구체적이며 개별적인 사항을 가리키게 된다.

단어의 어휘적 의미는 유의어・반의어계열・어종(語種)과 더불어 단어의 어휘적인 측면의 하나이다. 이 어휘적인 측면의 집합을 「어휘(lexicon)」라 한다. 어휘는 체계를 이루고 있다. 일본어가 갖는 단어의 어휘적인 측면의 총체를 「일본어의 어휘」라 한다.

개인은 공통의 지식인 어휘로부터 단어를 선택하고 문을 구성하여 사용한다. 하지만 이 단어를 사용하는 문의 구성방식에도 공유하는 공통지식이 있어, 이에 의해 규제를 받는다. 이를 「文法(grammar)」이라 한다. 문법을 잘못 이해하거나 잘못 사용하면 수정하도록 요구받는다. 일본어에도 문법의 체계가 있다.

개인은 그때 그 자리에서 자신의 심리・논리・가치관에 따라 어휘체계로부터 단어를 선택하고 문법체계로부터 문법을 선택하여 문을 만든다. 어휘나 문법은 음운(음소, phoneme)과 문자(graph, grapheme)와 더불어 「언어(language, langue, 어휘와 문법, 음성・음운과 문자 및 그 체계)」라 불리며, 「언어활동」과는 다른 체계를 가지고 있다.

사회구성원이 공유하는 공통의 지식인 언어를 사용한다는 것은 공통지식을 문으로 구성하는 것이므로 초대면이라 해도 이를 매개로 소통이 이루어지게 되는 것이다. 더불어, 언어의 사용은 사용자개인의 심리・논리・가치관에 의해 선택이 이루어지며 이 선택에 의해 그때 그 자리에서의 그 개인의 특정 심리와 논리, 가치관등의 일면이 문에 반영된다. 문에는 일반적인 공통지식뿐 아니라 이를 매개로 한, 특정 개인에 의한 특수한 정보 및 특수한 개인의 일면이 반영되어 표현되어 있는 것이다. 따라서, 결과적으로 문을 사용하는 데는 개인의 책임과 권리가 뒤따른다. 화자

및 작자의 선택과 사용방식을 파악하지 못한 청자와 독자는 이 화자와 작자의 특수하고도 개별적인 파악을 애매하게 받아들여, 공통지식 및 상대의 이해를 부정확하게 받아들이기도 한다.

 이렇게, 문은 민족(사회구성원)의 공통지식이라는 측면과 개인의 독자적 인식, 의욕, 가치관등의 측면이 공존하는 언어활동의 최소단위로서 기능한다. 단어는 언어, 그리고, 언어를 체득하는 데 있어 매우 중요하다. 즉, 단어는 언어의 기본적 단위이다.

제2장 문

문은「진술성(陳述性, predicativity)」을 갖는다. 그럼으로써, 언어활동의 최소의 단위가 될 수 있으며 특정개인의「진술(statement, predicate)」을 뒷받침하게 된다.

「진술」이란 화자가 자신이 아는 바를 전달하거나 의문사항을 묻거나 원하는 일을 이루기 위해 타인에게 권유하거나 언제 누구의 일인가를 나타내는 개인의 행위이다. 청자는 문을 듣고 문에 구비된 진술성을 매개로 하여 화자개인의 진술을 이해하게 된다. 따라서, 개인이 만들어 사용하는 모든 문에는 그 개인의 진술을 나타내는 진술성이 구비되어 있다.

・根の上に腰をかけている小僧がいる。(国盗り物語)
　　　　　　　　　　　　　　　　　　[서술・현재・3인칭]
・「おとうさんは居ますか？」(それから)　　[의문・현재・3인칭]
・「早く、追っかけてゆきなさい。」(あうん)　[명령・미래・2인칭]

또한 문은 진술성 안에「대상적(対象的) 내용)」2)을 가지므로 특정개인이 파악하는 현실과 관련된 정보를 서로 주고 받을 수 있는 것이다. 여기에서 현실과 관련된 정보란 화자가 현실에서 잘라내어 전달하고자 하는 대상을 말한다. 전달하고자 하는 대상은 보통 몇 개의 문, 즉, 단편(断片)

---

2) 명제라고 할 수 있다. (역자주)

=사건·단편=성질 등으로 구분된다. 이 단편=사건·단편=성질 등은 특정 화자의 관념의 세계의 것으로, 현실의 사건이나 성질 그 자체가 아니다. 현실의 사건을 전달하는 문이라 해도 현실그대로가 아니고 대상으로 하는 필요한 단편=사건만을 잘라내고 대상이 아닌 다른 단편=사건은 버린다. 즉, 대상으로 한 현실의 단편을 언어를 사용하여 반영한 것으로, 이를 문의「대상적 내용」이라 부른다.

청자는 문을 듣고 현실의 단편인 사건과 성질 등의 정보를 파악하게 된다. 문에는 그 정보를 뒷받침하는 대상적 내용이 구비되어 있다. 따라서, 대상적 내용은 현실의 단편을 대상으로 하되, 거기에서 사건 혹은 성질을 잘라내어 문으로 옮긴「창조물」로, 문의 실질적 내용을 이룬다.

· 翌朝、吟子は七時に起きた。(花埋み)
　　　　　　　　　　[사건·동작주와 운동·인간의 동작]
· ボールが波打ち際に転がった。(シ·青い鳥)
　　　　　　　　　　[사건·동작주와 운동·사물의 움직임]
· 炭酸カルシウムは酸に溶ける。(化学とんち)
　　　　　　　　　　[성질·주체와 성질·사물의 특성]

대상적 내용은 일어나거나 일어나고 있는 사건 뿐 아니라 일어나지 않은 사건, 또는 앞으로 일어날 사건, 일어나기를 바라는 사건으로서도 그려진다. 청자와 독자는 주어진 사건과 특징을 파악하고 전달방식의 차이에 따라 대응하게 된다.

· 「洪ちゃ、学校へ行こう。」(しろばんば)
· 「なぜ、そんなもの履いて来た。」(しろばんば)
· 「新田の光一ちゃんも袴を履いてた?」(しろばんば)
　　　　　　　　　　[이를 듣고 청자는 어떻게 할 것인가?]

문에는 현실에서 필요에 따라 대상으로 선택한 사건 및 성질이 화자가 선택한 단어와 문법에 의해 표현되어 있다. 이것이 문의 대상적 내용이자 문의 실질적 내용이다.

문에는 대상적 내용이 <확인한 것・원하는 것・요구하는 것・묻는 것>, <현재, 과거, 미래의 일>, <나, 너, 그의 일> 등과 같은, 대상적 내용과 현실과의 관계 및 청자에게 전달하는 전달방식이 구비되어 있으며, 이들이 문의 진술성을 구성한다. 진술성은 대상적 내용을 존재하게 하는 수단이자 문의 형식적인 내용으로, 이 또한 문에 구비되어 있는 내용이다.

주요한 진술성에는「모달리티(modality)」[3)]와「템포랄리티(temporality)」[4)]가 있다. 여기에「퍼스낼러티(personality)」[5)]도 포함된다고 보는 이도 있다.

문 안에서 진술성은 대상적 내용을 존재하게 하고, 현실과의 관계를 나타낸다. 이 진술성과 대상적 내용과의 두 측면이 결합되어 문의 내용을 이룬다. 문은「분할 가능한」구조이다. 화자가 진술하는 단편=사건・단편=성질은 작게는 요소=부분으로 분할되므로, 문은 분할구조성을 갖는다. 단, 다음과 같이 한 단어로 구성된 문은 예외이다.

・あっ！(四千字劇場)
　おおっ！(こんなものを)　[비분할구조・독립어문・탄성・현재・감동]
・もしもし！(北の国から夏)
　おい！(病院)　　　　　　[비분할구조・독립어문・함성・현재・호출]

---

3) 확인(assertive, declarative)・바램(optative)・명령(active, imperative)・의문(interrogative) 등을 주요소로 하며, 대상적 내용과 현실과의 관계라는 화자의 현실에 대한 태도를 나타낸다.
4) 현재・과거・미래를 주요소로 하는, 말하는 순간을 기준으로 한, 사건이 성립하는 시간표현의 문의 화자(작자)에 의한 관리이다. 확인 및 질문의 모달리티에도 템포랄리티의 대립이 있다.
5) 문의 인칭

문은 분할구조에 의해 문의 내용을 즉, 대상적 내용과 진술성을 다양하게 존재하게 하고 표현하는 형식이다.

・オオジシギはシギ類だ。(窓・8906)
　　　　　　　　　　[분할구조・단문・서술・통시적・성질]
・切符もすぐ買えたし、船も予定通り出た。(アカシヤ)
　　　　　　　　　　[분할구조・복문・서술・과거・사건]
・ウエイターが来て、注文をとる。(東京ラブ)
　　　　　　　　　　[분할구조・이중술어문・서술・현재・사건]

문은 외부구조와 대응하는「내부구조」를 갖는다. 문의 내부구조는 문의「표현내용」과「표현형식」으로 구성되어 있다.

---

① 문의 표현내용 : 대상적 내용과 진술성
　・대상적 내용 : 단편=사건・단편=성질등의 현실의 반영 [내용]
　・진 술 성 : 모달리티・템포랄리티 등, 대상적 내용의 현실과의 관계를 말함.
　　　　　　　　문의 대상적 내용의 존재양식 [형식]
② 문의 표현형식 : 문의 성분과 절(clause) 등의 문의 구성요소와 그들의 결합, 즉, 문의 분할구조성의 측면에서 본 구조 [형식]

인간은 문을 만들어 사용하지만, 이는 공유하는 공통지식인 언어(어휘와 문법, 음성・음운과 문자)의 체계를 익혀 필요에 따라 선택할 수 있기 때문에 가능한 일이다. 이 언어의 여러 체계로부터의 선택은 종합적으로 이루어진다. 선택대상은 적어도 어휘・문법, 음운・문자 등과 다양한 체계로 부터이며, 거기에도 계층이 있으므로 단순하지 않다. 하지만, 단순화하여 말하면, 단어를 획득하고 그것을 다양하게 선택하여 사용할 수 있기

때문에 인간은 문을 만들고, 사용할 수 있는 것이다. 이것도 단어가 언어의 기본적인 단위라 일컬어지는 이유이다.

언어(어휘와 문법, 음성·음운과 문자)의 체계는 복잡하고 다양하지만 유한하다. 그렇지만, 언어활동은 무한하다. 언어를 언어활동으로부터 분화하는 것이 문을 무한하게 만들어내는 가능성을 화자나 작자(글쓴이, 문을 만든이)에게 부여한다(이미숙역(2004) 『일본어의 통사론』 (원저;高木一彦) J&C출판사 참조).

제3장 단어와 형태소

 단어와 문은 분화된 존재이다. 문은 언어활동의 최소 단위이며 단어는 언어의 기본적 단위이다. 이 분화는 언어=언어활동, 즉, 인간의 언어소통의 본질적인 특징으로, 바로 이 점에서 동물들의 울음소리에 의한 소통과는 구별되는 것이다.
 단어의 본질은 문을 구성하는 소재로서의 특질, 즉, 문의 본질을 직접 구성하는 부분이 될 수 있는 특질이다. 문의 본질은 「진술성」과 「대상적 내용」이기 때문에 단어의 본질은 이를 직접 분담하는 분할구조의 부분이 될 수 있는 특성을 갖게 된다. 즉, 어휘적 측면과 문법적 측면을 갖는 것이 단어의 본질이며 이 특질에 의해 문을 구성하는 기본적인 재료가 된다. 이 일례를 동사의 종지형으로 나타내 보기로 하자.

어휘적 측면 문법적 측면	파종하다	파다	걷다	놀다	……
직설법 비과거 — u	まく mak - u	ほる hor - u	あるく aruk - u	あそぶ asob - u	……
권유 — o	まこう mak - o	ほろう hor - o	あるこう aruk - o	あそぼう asob - o	……
명령 — e	まけ mak - e	ほれ hor - e	あるけ aruk - e	あそべ asob - e	……
……	……	……	……	……	……

이렇게 단어는 문을 구성하는 소재로서 문안에서 어순과 형태변화라는 절차를 통해 소정의 어형(음성이 이어지고 끊어지는 형)을 취한다. 예를 들면,「あるく」라는 동사는 문의 끝에 위치하여 <あるいた・あるけ・あるこう……>로 어형을 바꾸어「술어」로서 기능하면서,「과거・명령・권유……」등 진술성을 분담하는 문법적인 의미를 변별하여 나타낸다.

이는 동사만의 문제가 아니다. 예를 들면,「こども」라는 명사는 술어보다 앞에 위치하여 <こどもが・こどもを・こどもに……>와 같이 형태를 바꾸어「주어・보어……」로 기능하면서,「동작주체・직접대상・상대」등, 대상적 내용을 분담하는 문법적 의미를 변별하여 나타낸다.

문법적 측면 \ 어휘적 측면	아이	밭	소	벼이삭	……
~が (주체 등)	こども が kodomo_ga	はたけ が hatake_ga	うし が usi_ga	いね が ine_ga	……
~を (직접대상 등)	こども を kodomo_wo	はたけ を hatake_wo	うし を usi_wo	いね を ine_wo	……
~に (설치장소・상대 등)	こども に kodomo_ni	はたけ に hatake_ni	うし に usi_ni	いね に ine_ni	……
……	……	……	……	……	……

이렇게, 단어는 문의「대상적 내용」을 직접 분담하는 여러 현실을 명명하여 나타낸 어휘적 의미(사물・인간・생물, 그 운동과 움직임・상태・성질・관계・장소・시간・수량 등)를 다른 것을 통하여 추상하여 표현하고 문의「진술성」을 직접 분담하는 제 관계, 즉, 문법적인 기능(테마, 종지・연용・연체……)과 문법적인 의미(격, 무드・시제・강조, 이들 간의 상관관계……)를 변별한다. 이를 변별하여 나타내는 음성의 형태를 단어의「어형」이라 한다.

단어의 어형은 그 외부구조와 대응하는 「내부구조」를 갖는다. 단어의 어형의 내부구조는 단어의 어형의 표현내용과 표현형식으로 구성되며 이 구성은 계층을 갖는다.

---

① 어형의 표현내용 : 어휘적인 것과 문법적인 것. [내용]
  · 어휘적인 것 : 현실의 단편을 다른 단편으로부터 잘라내어 일반적으로 명명한 개개단어에 독자적이고 고유한 실질적인 측면. [내용]
  · 문법적인 것 : 단어가 잘라낸 현실의 단편과 다른 단편에 대한 관계와 현실에 대한 관계. 문법적인 기능과 문법적인 의미.
  · 다른 단편에 대한 관계 : 주격·대격……, 종지·연용·연체 등.
            [형식]
  · 현실에 대한 관계 : 무드·시제, 강조 등. [형식]
② 어형의 표현형식 · 어순상의 형태변화(교착·굴절 등)에 의한 체계(곡용·활용 등의 체계)를 이루는 음성연속. [형식]

언어의 기본적 단위인 단어의 인지(認知)는 이 같은 어휘=문법적인 특질에 의해 이루어진다. 이 특질에 의해 단어는 다른 단어와 「변별적(differential)」이고 그 어형은 문중에서 「상대적 분리성(discret)」을 갖는다. 변별성·분리성의 관점에서 보면 개개의 단어와 어형의 내부에도 변별·분리 가능한 부분을 관찰할 수 있다. 단어나 어형이 아니고 단어와 어형의 내부에서 그 구성에 관계되는 무언가의 의미를 갖는 더이상 세분화할 수 없는 최소의 의미(minimum meaningful unit)를 갖는 부분의 변별·분리이다. 이러한 류의 부분을 「형태소(morpheme)」라 부른다. 형태소는 단어가 아니다. 단어와 문과의 분별이 중요하듯이 형태소를 단어와 그 어형으로부터 변별하는 것도 중요하다. 다음을 참고 바란다.

ⓐ	ⓑ	ⓒ	ⓒ	ⓒ	ⓓ
<u>つりがすきな私</u>は	<u>つり場</u>で	鮭を <u>つり</u>、	<u>つった</u> 鮭を	軒に <u>つる</u>。	趣味は<u>つりだ</u>。
turi__ga	turi・ba__de	tur−i	tu−tta	tur−u	turi__da
turi__wo	turi・yado__de	tur−u	tu−tte	……	
turi__ni	turi・ito__de	tur−o ……			
turi__de	turi・esa__de	tur−e			
……	……	……			

ⓐ (형태소+형태소)　　　　(어근+조사)　　　: [단순명사어형]
ⓑ (형태소+형태소+형태소) (어근+어근+조사) : [복합명사어형]
ⓒ (형태소+형태소)　　　　(어간+어미)　　　: [단순동사어형]
ⓓ (형태소+형태소)　　　　(어간+코퓰라)　　: [파생명사어형]

제4장 품사

「단어」는 그 어휘＝문법적 성질에 의해 다른 단어로부터의 변별성·분리성을 갖는다. 공통되는 어휘적·문법적 특성을 갖는 단어가 계열체계(paradigm)를 이루고 있다.

「품사」는 이 공통되는 어휘＝문법적인 성질에 의한 계열과 계층을 기반으로 분류한 단어와 그 집합이라고 말할 수 있다[6]. 따라서, 단어나 품사의 인정은 문안에서의 문의 구조와의 관계로부터도 이루어지므로 문의 구조를 벗어나서 판별할 수 없다.

문의 분할성에서 본 기본구조는 앞부분에 주어로서의 체언을 놓고 뒷부분에 술어가 되는 용언을 놓는 「2분할 2부분구조」이며 「기능구조」 「의미구조」 「대상적 내용의 구조」 등의 계층이 있다. 「체언」과 「용언」은 그 구조를 구성하는 기본적이자 전형적인 단어로서, 계열체계를 만든다. 전형적인 체언은 「명사」이며 전형적인 용언은 「동사」이다.

「체언」은 서술되는 화제를 가리키는 부분으로서 문의 분할구조의 앞에 놓이며 사물의 다양한 「속성(동작·상태·성질 등)」의 측면을 술어 측으로 밀어버림으로써 「사물 및 실체에 내재하는 특성」을 추상하여 나타낸

---

[6] 품사의 분류는 하나의 어형의 의미·기능의 설명만으로는 불가능하다. 어휘＝문법적인 계열에서의 상위·하위 등으로의 자리매김이라는 확인작업도 포함한다. 단어는 그 어휘＝문법적인 성질로부터 다른 단어와 공통되는 특성에 따라 다양한 계열과 계층에 속하면서 변별·분리된다. 여기에는 다양한 어휘＝문법적 계열이 있다.

다. 「용언」은 화제에 대해 서술하는 부분으로, 분할구조의 끝부분에 놓이며 속성의 주체인 「사물 및 실체에 내재하는 특성」의 측면을 주어 쪽으로 밀어버림으로써 「속성」을 추상하여 나타낸다.

전형적인 단어인 체언과 용언은 이렇게 문법적 관계의 표시자로서 추상적인 의미를 획득한다. 단어의 어휘적인 의미는 일반적임과 동시에 추상적인 것이다. 체언의 「사물 및 실체에 내재하는 특성」과 용언의 「속성」은 어휘적 측면이나 문법적 측면에 일반성·추상성을 부여하며, 분할구조의 주축을 형성한다. 이것이 명사·동사의 기본적 성질이다.

문의 분할구조는 「규정어」, 「수식어」 등에 의해 확대된다. 규정어는 형용사가 명사(체언)의 내용을 자세히 규정하는 「사물의 측면의 속성」을 나타내며 수식어는 부사가 동사(용언)의 내용을 자세히 규정하는 「속성의 속성」을 나타내는 일반성·추상성을 갖는다. 이것이 형용사·부사의 기본적 성질이다.

・売場で　<u>小さい</u>　子どもが　母親を　<u>むりやり</u>　引っ張った。
　　　　　규정어(형용사)　　　　　　　수식어(부사)

단어는 어휘적 의미를 문법적 의미에 의해 기능시킴으로써 문의 부분이 된다. 주어·술어를 축으로 하여 보어·수식어·규정어·상황어가 된다. 이들을 분별하기 위해 단어는 어순과 형태변화에 의해 「어형」이 분화·발달하여 어형의 「계열체계(paradigm)」를 만든다. 그 배치에 의해 명사, 동사, 형용사, 부사의 분별이 가능해진다.

단어에 있어서의 어형의 계열체계는 어휘체계에 있어서의 「계열적인(paradigmatic)」측면과 문법체계에 있어서의 「구문론적인(syntagmatic)」측면의 특질에 의해 조직되어 있다. 그 특질 중, 공통되는 특성이 범주적(categorical)으로 작용하여, 문의 구성에 직접 관여한다. 이것이 어형의 계열체계(paradigm)에 공통항(共通項)을 부여하고 단어를 어휘=문법적으로 계열화시킨다. 어휘=문법적인 계열은 다양하게 존재한다. 하지만, 「사물」과 「속성」 등과 같은, 보다 일반적인 「범주적 의미(categorical meaning)」에 상응하여 문법적인 의미·기능이 계층을 이룬다. 따라서 어형은 품사마다 체계적이고 계층적인 계열을 이룬다. 먼저, 4대 품사라 불리는 명사·동사·형용사·부사를 살펴보기로 하자.

1) 명사

기본적으로, 「명사」는 문법적으로는 「주어」와 「보어」가 되는 단어이며 어휘적으로는 「사물」「물성(실체성)」을 나타내는 단어이다. 역으로 말하면, 어휘적으로 「사물」「사물 및 실체에 내재하는 특성」을 나타내기 때문에 속성의 「동작주·주체」가 되며, 화제의 테마(thema)로서 「제시·서술」되는 주어, 혹은 「보완」하는 보어가 되는 단어이다.

따라서, 명사는 특히 문중에서 다른 단어와의 관계를 나타내는 「격(case)」을 나타내는 어형이 발달되어 있다. 또한, 앞에 위치하는 연체형식7)의 어형에 의해 수식되는 어휘=문법적인 특징을 갖는다. 일본어의 명사의 어형은 조사(助辞)8)를 붙이는 「교착(膠着)」을 주요 수단으로 하며, 「곡용(曲用, declention)」체계를 가진다.

파생적으로는 문법적으로 규정어·수식어·상황어·술어가 되며, 어휘적으로 「사물 및 실체에 내재하는 특성」「속성의 속성」을 나타내는 단어이다.

---

7) 체언(명사)를 수식하는 형식을 말함. (역자주)
8) 이른바 학교문법에서 하나의 단어로 인정하여 품사명으로 사용되는 「조사(助詞)」와는 구별하여야 한다. 명사의 문법적 의미를 도와주는 보조적인 하위단위이다. (역자주)

2) 동사

「동사」는 기본적으로는 문법적으로 「술어」가 되는 단어이며 어휘적으로 「운동의 과정(동작, 움직임, 변화, 상태, 존재, 관계 등)」을 나타내는 단어이다. 역으로 말하면, 어휘적으로 「운동의 과정」을 나타내기 때문에 사물·실체의 「속성」이 되며 화제의 「레마(rhema)」로서 「서술·종지하는」 술어가 되는 단어이다.

따라서, 동사는 무드(mood)·시제(tense)·정중(politeness)·인정방식, 그리고 특히 태(voice)·상(aspect)의 어형이 발달되어 있다. 또한, 앞에 위치하는 연용 형식에 의해 수식되는 어휘＝문법적 특징을 갖는다. 일본어 동사의 어형은 기본적으로 「활용(conjugation)」체계를 갖으며 모음교체를 토대로 한 「굴절」과 조사 등과의 「교착」과의 복합을 주요 수단으로 갖는다.

파생적으로는, 문법적으로 규정어·수식어·주어가 되며 어휘적으로 「사물 및 실체에 내재하는 특성」「속성의 속성」「물성(실체성)」을 나타낸다.

3) 형용사

「형용사」는 문법적으로는 「규정어」가 되는 단어이며 어휘적으로는 「사물 및 실체에 내재하는 특성」을 나타내는 단어이다. 역으로 말하면, 어휘적으로 「사물 및 실체에 내재하는 특성」을 나타내기 때문에 체언을 「규정하는」 규정어가 되는 단어이다. 일본어에서는 형용사가 술어가 된다는 점이 특징적이며, 「상태・특성」을 나타내는 단어이다. 역으로 말하면, 「상태・특성」을 나타내기 때문에 사물・실체의 「속성」을 나타내어, 화제의 레마(rhema)로서 「서술・종지하는」 술어가 되는 것이다.

따라서, 형용사는 동사만큼은 아니지만 무드・시제・정중・인정방식을 나타내는 어형이 발달되어 있다. 또한, 앞에 위치하는 연용 형식에 의해 수식을 받는 어휘=문법적인 특징을 갖는다. 일본어의 형용사의 어형은 조사 등과의 복합인 「굴절」을 주요 수단으로 하며 기본적인 활용체계를 갖는다.

파생적으로는 문법적으로 수식어・주어가 되며 어휘적으로 「속성의 속성」「물성(실체성)」을 나타낸다.

4) 부사

「부사」는 기본적으로는 문법적으로 수식어가 되는 단어이며 어휘적으로 「속성의 속성」을 나타내는 단어이다. 역으로 어휘적으로 속성의 「모습·정도」라는 「속성의 속성」을 나타내기 때문에, 오로지 용언을 「규정하는」 수식어가 된다.

부사의 어형은 용언의 앞에 위치하는 어순·분포(distribution)에 의하며, 술어가 되는 경우가 있지만 형태변화의 체계는 거의 발달되어 있지 않다. 앞에 위치하는 단어의 연용 형식에 의해 수식되기도 하지만 제한적이다.

이처럼 부사의 어휘=문법적인 특징은 단순한 것처럼 보인다. 하지만, 실제로는 단순하지 않다. 어휘적인 의미의 내부계층에 화자의 태도 등을 포함하는 것이 있고, 부사와 진술사와의 이중적인 의미·기능을 가지는 「진술부사」가 많은데, 이때 「진술사」와의 변별은 간단하지 않다.

《주요품사(実詞·自立語)의 하위계열(예)》

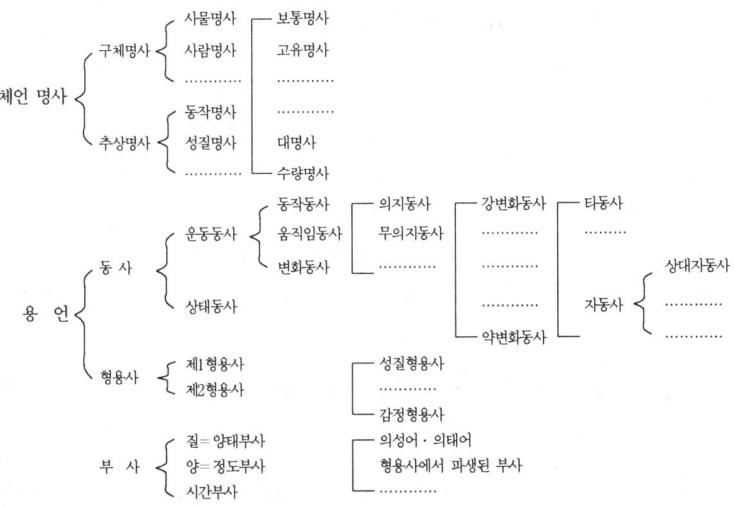

「진술사」는 부사가 아니다. 화자의 태도 등, 진술성만을 분담하는 단어로, 문안에서는 독립어가 되며, 의문사로 치환할 수 없다. 대상적 내용을 분담하는 수식어가 되는 단어, 즉, 용언을 규정하여 연어(連語)를 만드는 부사가 아니다.

・あすは たぶん 雨が ふるよ。たぶん 雨だ。たぶん 寒い。　　[진술사]
・雨が きょうも しとしとと ふる。きょうは 気温が かなり 低いね。
　　　　　　　　　　　　　　　　　　　　　　　　　　　　　　[부사]

대상적인 내용을 분담하지 않는 단어, 즉, 문중에서 독립어가 되고 의문사로 치환이 불가능한 단어로는 진술사외에 「접속사」와 「감탄사」가 있다.

・そして, つまり, しかし, だから, さて, あるいは……[접속사]
・きゃっ, よいしょ, ねえ, はい, おはよう, あのう……[감탄사]

《품사분류상 문제가 되는 단어, 단어의 어형(예)》

① 부사화 (いちどきに, とんで・おもわず, ひどく・すくなからず……)
② 진술사화(まるで・かりに, たとえば・けっして……)
③ 접속사화(ところが・そこで, そうして・したがって……)
④ 감탄사화(ちくしょう・なにおっ, しまった・しめた, おはよう・ありがとう……)
⑤ 후치사화(とともに・のおかげで・によって・における・をもって……)

《품사일람표》

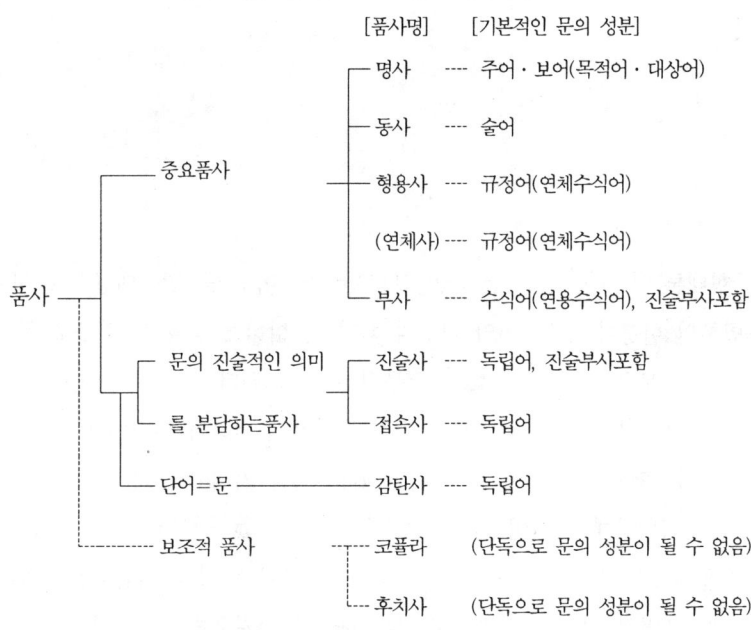

제5장 형태론의 임무

「형태론(形態論, morphology)」은 「단어의 어형」을 연구대상으로 하는 문법론의 한분야로, 「단어의 어형의 체계」를 밝히는 것을 그 임무로 한다.

단어는 문을 구성하는 소재로, 문의 부분이 된다. 따라서 문법적인 기능을 나타내되, 그 기능하에서 문법적 의미를 변별하여 나타낸다. 이를 위해 단어는 체계적인 어형의 계열(paradigma)을 가지고 있다. 단어의 어형체계는 엄밀하게는 단어마다 다르다. 다의어(多義語)에 있어서의 어형의 계열을 비교하면 간단하게 알 수 있다. 이같이 단어의 어휘적인 측면의 차이는 문법적 기능과 문법적 의미에 차이를 가져오게 한다. 단어마다 다르지만, 이 문법적 측면은 어휘적 측면과 더불어 그 일반성·추상성에 의해 공통항·유사항을 갖는다. 따라서 단어를 대상으로 하는 「형태론」은 문과의 관계에서 「단어의 어형」체계를 추구하고 밝히는 것을 그 임무로 한다. 즉, 「어순」의 지배를 받으면서도 「형태변화」라는 수단을 통해 표현하는 문법적 기능과 문법적 의미체계, 즉, 곡용과 활용 등의 체계를 명확하게 밝힌다.

단어의 어형

제1장 단어의 어형이란?

　단어의 어형(word-form)은 문법적 기능 및 문법적 의미의 차이와 이에 뒷받침되어 존재하는 어휘적 의미를 변별하여 나타내는 음성연속이다. 단어란 어형체계를 통괄하는 어휘적의미를 가지고 있는 일반적·추상적 존재인 것이다.

　예를 들면, <よむ>라는 동사에는「문말」에 위치하는 <よむ·よんだ> <よむ·よむだろう·よむそうだ> <よむ·よめ·よもう> 등과 같은 대립하는 음성연속이 있다. 이 대립하는 음성연속은 각각「서술·종지」하는 공통되는 문법적 기능(술어기능)아래,「비과거·과거」「사생·추량·전문」「서술·명령·권유」와 같은 문법적 의미를 변별하여 나타내고 문중에서 앞뒤로 상대적으로 변별가능한 체계를 가지고 있다. 이 대립하는 음성연속의 체계는 모두 <문자와 문장을 보고 소리를 내어 읽다·문장을 보고 의미를 이해한다……>는 일정한 어휘적 의미를 존재하게 하며 그 어휘적 의미하에서 통괄되어 있다. 이는 <よむ>뿐 아니라 많은 동사에 있어 공통적이다. 대부분의 동사에 공통되는 체계를「활용」이라 한다.

　<兄>라는 명사에도「술어보다 앞에 위치」하는 <兄が·兄を·兄に> 등과 같은 대립하는 음성연속이 있다. 이 대립하는 음성연속은 각각「제시(주어기능)·보충(보어기능)」등의 문법적 기능 아래「주체·대상·상대」등의 문법적 의미를 변별하여 나타내어 문 안에서 상대적으로 분리·변

별되는 체계를 이루고 있다. 그 음성연속은 모두 <손위 남자형제·누나의 남편·남편의 손위 남자형제> 등, 일정한 어휘적 의미를 존재하게 하며 이를 표현하면서 그 아래 통괄되어 있다. 하나의 명사뿐 아니라 많은 명사에 있어 공통적이다. 대부분의 명사에 공통되는 체계를 「곡용」이라 한다.

문중에서 상대적으로 분리되고 변별되는 단어의 어형을 단어형식이라 한다. 활용과 곡용체계를 이루는 단어의 어형은 체언과 용언을 음성의 흐름선상에 순서대로 배치하는 「어순」을 기초로 하여, 음성의 흐름선상에 늘어선 단어의 음을 일부 변화시키는 「형태변화」로 보완하는 표현수단에 의해 표지된다. 이 표지가 단어의 문중에서의 문법적 기능과 문법적 의미를 변별하여 나타내며 그 어휘적 의미를 안정되게 나타낸다.

「단어의 어형」에 대한 「단어」라는 용어는 활용과 곡용 등의 단어의 다양한 어형의 체계를 총괄한 호칭으로 「어휘소(lexeme)」라 불리기도 한다. 이는 그 단어의 어형군을 총괄한 총칭으로 일반적이면서도 추상적인 존재를 의미하는 명칭이다. 단어는 그 어형을 총괄하는 민족공통, 구성원 전체의 지식이다.

제2장 활용과 곡용

문은 기본적으로 주어·술어를 주요 부분으로 하는 2분할 2부분구조를 갖는다. 그 주어·술어를 구축하는 단어는 체언과 용언이다. 분할구조가 다양하게 됨에 따라 그 구축재료인 체언·용언의 어형은 다양하게 발달하게 된다. 명사에는 곡용체계가, 동사에는 활용체계가 발달되어 있다. 더불어 이를 뒷받침하는 수단도 다양하게 발달하게 된다.

체언은 본래 주어와 보어를 구성하는 단어이다. 이 때문에 격(case)을 나타내며 용언에 이어지면서 중요한 문법적 의미인「격·병립·강조」를 변별하여 나타낸다. 이 변별적 표현체계를 곡용체계라 한다. 일본어의 체언은 이 체계를 구축하는 어구성(語構成) 수단으로서 술어의 앞에 배치되며, 형태변화로 분리성이 비교적 강한 접사를 붙이는 교착이라는 수단을 갖는다. 파생적이지만 술어가 되기 위한 활용체계도 있다.

용언은 본래, 술어를 구성하는 단어이다. 따라서, 그 중요한 문법적 기능인「서술·종지」라는 기능하에 중요한 문법적인 의미인「무드·시제·태·인칭·상·정중·인정방식」등을 나타낸다. 이러한 변별적 표현체계가 활용 체계이다. 일본어의 용언은 이 체계를 구축하는 어구성 수단으로서 문의 맨 뒤에 배치한다는 어순법칙에 준한 형태변화로, 비교적 분리성이 약한 모음과 접사를 교체하는 굴절이라는 수단을 중요한 기본적인 수단으로 삼는다.

동사의 활용체계를 구축하는 어구성 수단으로서는 어순에 준한 굴절이 형태변화의 기초적인 수단이지만, 접사를 붙이는 교착이라는 분리성이 강한 수단에 의해 보완되고 있다. 여기에서 교착은 굴절을 보좌하는 수단이다. 파생적이지만, 주어와 보어가 되기 위한 곡용체계도 있다.

일본어의 명사는 주어와 보어가 되는 곡용체계를 구성하지만 그 어형을 만드는 주요 수단은 어순상에서의 분리성이 강한 교착에 의한 형태변화이다. 동사의 주어나 보어가 되는 경우의 곡용 체계는 명사의 곡용체계에 준한다.9)

---

9) 「굴절이란 활용이다」라든가 「교착이란 곡용이다」라고 말하는 경우를 보기도 하는데, 이는 혼란을 불러일으키기 쉽다. 이들 용어는 동의어가 아니며 같은 개념을 나타내는 것이 아니다.

제3장 기본어형과 파생어형

　형태론은 단어의 어형과 그 계열체계를 명확하게 밝힌다. 무엇보다도 용언의 활용체계와 체언의 곡용체계를 중요시하여 기술・설명한다. 이들 체계에는 기본 어형 및 파생적 어형이 더불어 발달되어 있기 때문이다.
　「기본 어형」이란, 예를 들어, 명사에 있어서는 주어와 보어를 구축하는 곡용체계를, 동사에서는 술어를 구축하는 활용체계를, 형용사에서는 규정어를 구축하는 어형체계를, 그리고 부사에서는 수식어를 구축하는 어형체계를 말한다.
　이들 어형은 문의 구문=기능적인 계층구조를 구성하는 기본적인 어형이며 또한 이 구문=기능적인 구조 하에서 더 나아가 구문=의미적인 계층구조를 구성하는 기본적인 어형이기도 하다. 바꾸어 말하면, 이들 어형은 단문의 기본적인 구조를 안정되게 구성하는 어형으로, 어형체계에서의 기본적 것이다.
　관점을 바꾸어보자. 어형을 구문론적으로(syntactically) 순서에 맞추어 늘어놓으면 문이 만들어진다. 이는 문에 분할구조가 있으며, 유형이 있음을 나타낸다. 문의 기본적인 분할구조는 2분할 2부분구조로 이는 매우 완고하다. 앞 부분에 체언의 주격 형태변화형을 놓고 뒷부분 용언의 종지형의 형태변화형을 놓는 구조이다. 완고하다는 것은 이 기본에서 벗어나 체언의 위치에 용언을 배치한다던가 용언의 위치에 체언을 배치하는 경우,

배치된 단어를 강하게 간섭한다는 데에서 알 수 있다. 이 간섭은 그 단어에 새롭게 문법적인 기능・문법적인 의미를 파생시키고 파생 어형을 만들어낸다. 그 결과 품사의 전성 및 접사의 파생이 일어난다.

예를 들면, 동사가 서술의 필요에 의해 주어와 보어의 위치에 배치되는 일이 있다. 그 위치에서 주어와 보어로서 「물성(실체성)」을 「제시・보완」하는 문법적 의미와 기능을 갖게 된다. 결과적으로 동사로부터 명사가 파생하게 된다. 또한, 명사도 술어의 위치에 배치되는 일이 있다. 그 위치에서 술어로서 사물과 실체의 「특징・속성」을 「서술・종지」하는 문법적 의미・기능을 갖게 된다. 결과적으로 명사로부터 동사와 형용사가 파생하게 되는 것이다. 이처럼 문의 기본적 분할구조의 간섭을 받아 단어는 그에 상응하는 문법적 기능과 의미를 갖게 되며 이를 나타내는 파생적인 어형 체계를 갖게 된다.

일반적으로 기본적 어형은 파생된 어형보다 그 계열체계가 풍부하다. 명사에 있어 주어・보어가 되는 기본적인 기능과 의미를 변별하는 어형은 어순 법칙 하에서 다양한 격을 중심으로 계열체계를 풍부하게 가지고 있다. 하지만, 술어가 되기 위해 파생된 어형은 동사가 술어가 되는 어형과 같이 시제와 무드의 계열체계를 이루지만, 동사만큼 풍부하지는 않다.

동사는 술어가 되는 기본적인 역할 때문에 그 문법적 의미와 기능을 표현하기 위하여 문의 종지에 위치하여 종지・중지, 무드・시제, 정중・인정방식, 태・상등을 구별하여 나타내는 형태변화의 계열체계를 풍부하게 가지게 된다. 하지만, 수식어와 상황어가 되는 어형은 그렇지 못하다. 어형이 풍부해질수록 단어는 더욱 추상적이면서 일반적인 성질을 갖게 된다. 단어가 이렇게 문으로부터 해방되고 추상적이면서 일반적인 성질을 획득하면 할수록 문은 추상과 일반, 그리고 구체적인 것과 개별적인 것의 변별적 표현을 자유자재로 할 수 있게 된다. 단어가 특정어형을 취함으로써 문은 현실의 구체적이고, 개별적이며, 특수한, 그리고, 추상적인 것과 일반적인 것을 변별하여 나타낼 수 있게 되는 것이다.

　실제 생활의 장에서 만들어지는 문의 대부분은 구체적이고 개별적이며 특수한 내용을 갖는다. 문의 진술성은 구체적이고, 개별적이며, 특수한 것을 문의 내용으로 하기 위해 다양해진다. 따라서, 이를 나타내기 위한 어형도 다양해지고 그 계열은 복잡해진다.

　템포랄리티를 변별하여 나타내는 과거・현재・미래의 「시제」어형이나 「모달리티」를 나타내는 서술・의문・권유・기원 등의 「무드」의 어형도 구체적이고 개별적이며 특수한 것을 문의 내용으로 하기 위해 다양해졌다고 볼 수 있다.

　진술성 뿐만 아니라, 그 대상적 내용을 나타내는 구조에도 문의 「의미구조적인 유형」 아래에 「사물의 운동, 상태, 성질」은 물론 「일, 사건의 운동, 상태, 성질」이라는 유형 및 「그 대상의 평가, 태도」 「화자의 감정 및 감각」 등과 구체적이고 개별적이며 특수한 것을 나타내기 위한 다양한 계열의 계층이 발달되어 있다.

　어형뿐 아니라 지시적(deictic)인 단어・특정시간과 공간을 나타내는 대명사・지시어・고유명사・연체사, 감탄사・진술사・접속사 등과 구체적이고 개별적이며 특수한 것을 나타내기 위해 사용되는 단어가 생기게 된다.

　이는 추상적이며 일반적인 것을 내용으로 하는 문이 그 특징을 단순하게 정리・설명이 가능한데 반해, 개개의 사건의 구체적이고 개별적이며 특수한 것을 내용으로 하는 문은 그것을 구성하는 단어와 그 어형이 다양하게 참가하게 되어, 실로 그 유형이 다양하다는 데에서 알 수 있다.

　추상적이며 일반적인 것을 내용으로 하는 문은 다음과 같이 간단히 정리할 수 있다.
　1) 「대상적 의미의 구조적인 유형」은 「사물+성질」로 한정되어 있으며

2) 대상적 내용을 분담하고 있는 단어의 어휘적 의미가 가리키는 것은 모두 개개의 「멤버」가 아니고 「그룹」을 가리킨다.
3) 「템포랄리티」는 「초시(시간을 초월한 것)」로 과거·현재·미래의 계열체계를 갖지 않는다.
4) 「퍼스낼러티」는 1·2·3인칭이라도 멤버가 아니고 그룹을 가리키지만, 때로는 「일반인칭」이라 하더라도 그 일반화는 계층을 이룬다.
5) 「모달리티」도 「사생」을 축으로 하여 체계에 있어 상당한 제한이 있다.
6) 따라서, 여기에 참가하는 어형은 간단하다.

현실의 개개의 구체적·개별적 사실을 내용으로 하는 문은 「대상적 내용의 구조」의 유형이나 현실과의 관계와 청자에 대한 통달방식의 차이를 나타내는 모달리티, 템포랄리티, 퍼스낼러티와 같은 문의 「진술성」의 유형이 풍부하다. 이 풍부함, 즉, 문이 「그룹」뿐 아니라 구체적·개별적이며 특수한 「멤버」를 가리키는 것을 가능하게 하는 것은 바로 단어의 추상성·일반성이다. 문으로부터 해방되어 추상화되고 일반화한 것이 「단어」이다. 단어는 문을 구성하는 소재로서 어휘적 의미를 내용으로 하는 「어형」의 계열을 풍부하게 하고 어휘적인 의미와 「어형의 계열체계」를 통괄하는 추상적인 존재이다. 따라서, 문 안에서는 하나하나의 어형의 모습으로 밖에 존재할 수 없다. 단어의 표제어와 동일한 음성연속이라 해도 어형의 하나일 뿐, 사전의 표제어와는 다르다.

제4장 어순과 형태변화, 굴절과 교착

　곡용과 활용체계를 구축하는 개개 어형과 그 어형을 만드는 수단은 기본적으로 어순이며 이를 보완하는 수단으로서 형태변화가 있다. 그리고 그 형태변화의 수단에는 「굴절」「교착」「분석적 조합」「문법적 어구성」 등의 각기 다른 유형이 있어, 다양하게 사용된다.
　어구성 중, 어순은 문의 분할구조에 있어 부분의 순위에 따른 배치이며 주로 부분의 문법적인 기능을 변별하는 것과 관련이 있다. 앞 부분에 배치한 것은 주어로서의 「지정·테마」기능을 나타내며 뒷부분은 술어로서 「종지·접속」기능을 나타낸다. 또한, 주어와 술어사이에 배치되는 경우는 「보어」의 기능을 나타내고 명사와 동사의 앞쪽에 배치되는 경우는 각각 「규정」의 기능을 나타낸다.
　활용이나 곡용체계는 어순법칙 하에서 굴절·교착·분석적 조합·문법적 단어구성 등의 형태변화의 수단(절차)에 의해 만들어진 여러 어형으로 조직된다. 현대일본어에 있어 그 수단이 복잡한 경우에는 융합하게 된다. 그 설명을 위해서는 역사적(통시적) 접근이 필요하기도 하다. 어형의 체계와 그 수단의 역사적 변천의 추구는 과제임에 틀림없다. 하지만, 연구 및 실용을 위해서도 먼저 문법적 기능과 의미를 변별하여 나타내는 「활용」「곡용」이라는 체계의 설명과 이해가 선행되어야 한다. 그 설명으로 역사(통시적 접근)의 무리한 도입은 문법적 기능·문법적 의미의 설명을 애매하게 만들어 혼란을 불러일으키기 쉽다. 따라서, 학습초기에는 피하는 것이 좋다.

전형화된 간단한 굴절·교착·분석적 조합·문법적 단어구성 등의 형태변화 수단을 간단히 정리해 보면 다음과 같다.

① 「굴절」(모음교체에 의한 어미변화)에 의한 형태변화.10)

(활용형의 일부)

よむ yom-u	かく kak-u	はなす hanas-u	きく kik-u	:	[서술·종지]
よみ yom-i	かき kak-i	はなし hanas-i	きき kik-i	:	[서술·중지]
よめ yom-e	かけ kak-e	はなせ hanas-e	きけ kik-e	:	[권유·명령]
よもう yom-o	かこう kak-o	はなそう hanas-o	きこう kik-o	:	[기원·의지]

② 「굴절」(어미교체)에 의한 형태변화.(활용형의 일부)

おきる oki-ru	うえる ue-ru	:	[서술·종지]
おき oki_-	うえ ue_-	:	[서술·중지]
おきろ oki-ro	うえろ ue-ro	:	[권유·명령]
おきよう oki-yo	うえよう ue-yo	:	[기원·의지]
おきれば oki-reba	よめば yom-eba	:	[연속·조건]
おきた oki-t-a	よんだ yo=n-d-a	:	[과거(음편변화포함)]

형태소 「た」는 그 근원이 「たり(tari)」나 「て あり(te ari)」라는 점에

---

10) 이것이 「4단 활용론」의 근거로 사용되었다. 하지만, 「かか kak-a 」가 모음교체라 해도 문법적 기능 및 의미를 나타내지는 않는다. 따라서 어형으로 인정할 수 없다. 이렇게, 「4단 활용」이라는 명명의 근거는 간단히 무너져 버린다.

서 교착이나 분석적 조합이라고 설명하기에는 무리가 있다.「よん」과「き
い」에는 이미 문법적 기능과 의미에 자립성이 없다. 분리성이 약하며
「た」는 융합에 의해 이미 굴절 어미로 변질되어 있다.

③「교착」(문법적인 접사(grammatical affix)를 붙이는 접사교체)에 의
한 형태변화.

ひとが	うまが	はしるのが	おきるのが	
hito_ga	uma_ga	hasiru_no_ga	okiru_no_ga	:[연용격·주격]
ひとを	うまを	はしるのを	おきるのを	
hito_wo	uma_wo	hasiru_no_wo	okiru_no_wo	:[연용격·대상격]
ひとに	うまに	はしるのに	おきるのに	
hito_ni	uma_ni	hasiru_no_ni	okiru_no_ni	:[연용격·여격]
ひとと	うまと	はしるのと	おきるのと	
hito_to	uma_to	hasiru_no_to	okiru_no_to	:[연용격·공유격]
ひとの	うまの	(はしる)	(おきる)	
hito_no	uma_no	(hasiru)	(okiru)	:[연체격·소유격]

(이상, 곡용의 일부임)

よまない	かかない	おきない	うえない	
yom_ana-i	kak_ana-i	oki_na-i	ue_na-i	:[서술·부정]
よまれる	かかれる	おきられる	うえられる	
yom_are-ru	kak_are-ru	oki_rare-ru	ue_rare-ru	:[태·수동]
よませる	かかせる	おきさせる	うえさせる	
yom_ase-ru	kak_ase-ru	oki_sase-ru	ue_sase-ru	:[태·사역]

④ 형태변화를 조합하는「분석적 조합」에 의한 형태변화.(활용의 일부임)

よんで	いる	うえて	いる	
yo=n-de	i-ru	ue-te	i-ru	:[상·계속]
よんで	ある	うえて	ある	
yo=n-de	ar-u	ue-te	ar-u	:[상·결과]
よんで	おく	うえて	おく	
yo=n-de	ok-u	ue-te	ok-u	:[의도·시행]
よんで	いく	うえて	いく	
yo=n-de	ik-u	ue-te	ik-u	:[원근·멀어짐]

⑤ 문법적 복합어를 만드는 「단어구성」에 의한 형태변화

よみはじめる	たべはじめる	
yomi・hajime－ru	tabe・hajime－ru	: [국면동사・시작단계]
よみつづける	たべつづける	
yomi・tsuzuke－ru	tabe・tsuzuke－ru	: [국면동사・계속단계]
よみおわる	たべおわる	
yomi・owar－u	tabe・owar－u	: [국면동사・종결단계]

형태변화에서 굴절과 교착이었던 수단이 융합하여 다른 수단으로 변한 것이 많다. 이는 문의 구조의 다양한 발전에 따른 단계적 변화의 결과이며 문의 구조체계와 어형체계가 서로 간섭한 결과이다(예; てあり → たり → た).

다음 문에서 밑줄 그은 것은 주어이고, 굵은 글씨는 술어이다. 단, 「が」가 모두 문안에서의 「주격으로 제시된 주체」를 나타내기 위해 기능 한다고 볼 수는 없다.

・発信しない 電報が **届くはずがない**。(点と線)
　cf. 証券会社が 暴力団に 損を **させるはずがある**。

(자연스럽지 못한 문)

・こんな軍隊が 戦争に **勝てるわけがない**。(酒呑みの)
・それには 深い わけが **ある**。(ブンとフン)
・日本も、情勢を **注視し続ける必要がある**。(天声人語93)
・わたしたちは この地盤を **固める必要がある**。(日本人の意識)
・若いおれが、これほどの金城湯池を **持つ必要がない**。(国盗り物語)
・ぼくには 支度も準備も 必要が ない。(さまざまな父)

<~はず<u>が</u>ない>의 <が>는 이미 교착이라는 명사의 곡용체계의 어형을 만드는 수단이 아니다. 현대일본어에서는 이미 <はずがある>라는 주

어와 술어에 의한 구조물은 사라진 상태이다. <～はずがない>는 관용구화되어 접사화된 문법적 관용구이다. <が>는 이미 유착되어 있어 접사로 인정할 수 없다.

<わけがない> <必要がない>에서는 <～わけがない> <～必要がない>로 접사화 하여, 문법적 관용구화가 진행중으로 볼 수도 있고 주어·술어의 구조를 만들기 위해 기능하고 있는 어형이 조합된 <わけがない> <必要がない>로 볼 수도 있다.

어형체계의 설명은 굴절에서 교착으로, 그리고, 교착에서 분석적 조합으로 나아가 문법적 단어구성이 수단(절차)의 발전으로 설명할 필요도 있다. 무엇보다 역사적인 발전(통시적)을 설명하는 경우에는 필요하다. 하지만, 현대어(통시적이 아니고 공시적인 의미에서)의 설명에서는 먼저 어형이 문법적 기능 하에 문법적 의미의 변별체계를 만든다고 설명해야 한다. 즉, 문의 부분이 되는 활용과 곡용의 패러다임에 대한 설명이 필요하다. 연구에서는 양자의 설명이 필요하지만, 이 편이 여러 언어간의 비교대조에도 편리하다. 게다가, 특정의 형태변화형이 어느 정도의 문법적 기능과 의미를 갖는지 하는 문법적 사고도 가능하다.

어형은 어순 하에서「문법적인 단어구성(grammatical word-formation)」마다「문법적인 어형구성(grammatical form-formation)」의 패러다임을 구성한다. 이 몇 개인가의 패러다임이 모여 활용과 곡용이라는 형태변화의 체계가 만들어진다. 굴절·교착, 분석적 조합, 문법적 단어 구성 등은 이 활용과 곡용의 형태변화를 만들어내기 위한 수단이다.

여기에서는 문의 관계에서 어형구성과 그 계층을 설명하기로 한다. 이 사고에 입각해 보면, 이른바 일본의 학교문법에서 단어로 인정하고 있는 조사·조동사등의 상당수가 단어로부터 멀어지게 된다. 단어의 어형을 만들기 위한 형태변화의 수단, 즉, 접사(接辞) 혹은 접사적(接辞的)으로 사용된 것이 된다. 이렇게 봄으로써 후치사·형식명사·보조용언·분석적 조합·문법적 단어구성등을 정당하게 설명할 수 있게 된다.

- 病人は 回復期に 適正な 食物を 食べなければならない。
- 病人は 回復期に際し 適正な 食物を 食べる 必要が ある。

이 예문 모두「의무(필요) 모달리티」를 나타내는 문으로 본다면 <なければならない>나 <必要がある>는 단어<食べる>의 어형을 만드는 형태변화의 수단, 즉,「의무(필요)」라는 무드를 나타내기 위한 어형을 만드는「접사 혹은 접사적으로 사용된 류」이다. 엄밀하게 단어와 구별할 필요가 있다. 실제 이쪽이 다른 언어와의 치환 및 비교에도 합리적이고 도움이 된다.

<必要がある>는 주어와 술어인 문의 경우와 <~必要がある>라는「의무(필요)」의 무드를 나타내는 어형을 만들기 위한 수단인 경우가 있는데, 이것이 변별가능하다면 <必要がある>는 동음다의(同音多義)의 일종인 다른 구성물이 된다.

이는 하나의 예에 지나지 않는다. 이러한 구문구조의 발전과 더불어 연어(連語) 등이 어형을 만드는 수단으로 전환되는 사실은 그밖에도 많이 존재한다. 즉, 분석적 어형구성의 절차가 다양하게 발생하고 있고 이 절차에 의한 어형을 활용표나 곡용표에 등록가능하도록 설명해야 한다. 연어와 분석적 어형구성의 절차와의 변별이 필요하게 되고 그 차이를 설명해야 하며 일반화가 요구된다.

연어는 대상적 내용을 구성하기 위한 소재로 두 개의 연어의 어휘적 의미의 복합에 의한 명명적 의미를 갖는 구성물이다. 이에 반해, 분석적 어형구성의 절차는 연어를 구성하는 일방적인 단어가 아니고 대상적 내용의 구성에 직접 참가하는 부분이 아니다. 대상적 내용의 구성에 참여하는 어휘적 의미를 나타내고 있는 하나의 단어의 뒤에 위치하여, 그 단어의 문법적 기능·의미를 나타내기 위한 어형구성에 참가하고 연어의 구성과 진술성의 구성에 문법적으로 활동하는 마크(mark, 標識)인 경우도 있다.

어순을 하나의 단어의 어형구성의 수단으로 인정하는 것도 같은 발상이다. 대상적 내용의 구성에 참가하는 어휘적 의미를 나타내고 있는 특정 단어 뒤에 위치하여, 그 단어의 문법적 기능·의미를 나타내기 위한 어형구성에 참가함으로써 연어의 구성과 진술성의 구성에 문법적으로 활동하는 마크가 된 것이기 때문이다. 하지만, 모든 술어가 형태론적인 종지형이 아니라는 입장도 있는 등, 그 경계에 대한 견해는 분분하다.

접사화는 다양하므로 구체적인 조사가 필요하다. 접사화된 분석적 조합에는 <(~する)はずがない, (~する)つもりがない, (~する)事がある, (~する)ものがある, (~する)ところが ある> 등이 있고 후치사라 불리는 <~における~, ~にたいする~, ~に関する~, ~による~, ~についての~> 등이 있다.

또한, 보조적 단어와 조합된 <~している, ~してある, ~しておく, ~してしまう, ~していく, ~してくる> 등의 분석적 형태도 이 관점에서 보면 설명하기 쉬워진다.

제5장 문법적 기능・의미범주와 범주내에서 대립하는 어형

문법적 범주내의 기능・의미는 대립하는 어형에 의해 표현된다. 어순과 형태변화의 절차에서의 유표(marked)・무표(unmarked)라는 대립이 계통적인 복잡한 활용과 곡용체계를 지탱하고 있어, 이 대립을 파악하는 것이 설명을 간단하게 하고 정리를 가능하게 한다. 다음에 예시한 <かく>는 모두 무표형식이다.

① 「시제(tense)」라는 문법범주에서의 대립

    かく   kak-u   [비과거・어간 + 모음교체 어미・굴절]
    かいた   ka =i-ta   [과거・음편어간 + 비모음교체 어미・굴절]

② 「무드(mood)」라는 문법범주에서의 대립

    かく   kak-u   [서술・어간 + 모음교체 어미・굴절]
    かこう   kak-o   [권유・어간 + 모음교체 어미・굴절]
    かけ   kak-e   [명령・어간 + 모음교체 어미・굴절]

③ 「정보의 근원(news source)」이라는 문법범주에서의 대립

    かく   kak-u   [사실・어간 + 모음교체 어미・굴절]
    かくだろう kak-u_daro   [비현실・어간 + 어미 + 접사・굴절]
    かくそうだ kak-u_soda   [전달・어간 + 어미 + 접사・굴절]

④「인정방식」이라는 문법범주에서의 대립

    かく   kak-u   [긍정·어간 + 모음교체 어미·굴절]
    かかない   kak_ana-i   [부정·어근어간 + 접사 + 어미·문법적 단어구성·굴절]

⑤「정중」이라는 문법범주에서의 대립

    かく   kak-u   [보통·어간 + 모음교체 어미·굴절]
    かきます   kak-i_mas-u [정중·어간 + 접사 + 어미·문법적 단어구성·굴절]

⑥「상(aspect)」이라는 문법범주에서의 대립

    かく   kak-u   [완성상·어간 + 모음교체 어미·굴절]
    かいている   ka=i-te i-ru [계속상·음편어간 + 비모음교체 어미 + 분석적 조합·굴절]
    かいてある   ka=i-te a-ru [결과계속상·음편어간+비모음교체 어미+분석적 조합·굴절]

⑦「종지와 중지」라는 문법범주에서의 대립

    かく   kak-u   [종지·어간 + 모음교체 어미·굴절]
    かき   kak-i   [제1중지·어간 + 모음교체 어미·굴절]
    かいて   ka=i-te   [제2중지·음편어간 + 비모음교체 어미·굴절]

⑧「연속·접속·자립」이라는 문법범주에서의 대립

    かく   kak-u   [종지·어간 + 어미·굴절)
    かくので   kak-u_node [자립접속·원인·어간 + 어미 + 접사·교착]
    かくから   kak-u_kara [자립접속·이유·어간 + 어미 + 접사·교착]
    かくなら   kak-u_nara [자립접속·조건·어간 + 어미 + 접사·교착]
    かくのに   kak-u_noni [자립접속·역조건·어간 + 어미 + 접사·교착]
    かくけど   kak-u_kedo [자립접속·역조건·어간 + 어미 + 접사·교착]

⑨「연속·접속·의존」이라는 문법범주에서의 대립

    かく   kak-u   [종지·어간 + 어미·굴절]
    かけば   kak-e_ba   [의존접속·가정조건·어간 + 어미 + 접사·교착]
    かくと   kak-u_to   [의존접속·계기·어간 + 어미 + 접사·교착]
    かいたら   ka=i-tara   [의존접속·계기·음편어간 + 어미·굴절]
    かいても   ka=i-temo [의존접속·역조건·음편어간 + 어미·굴절]

⑩ 「규정・연체와 연용」이라는 문법범주에서의 대립

(N＝체언, V＝용언)

かく	kak-u		[종지・어간 ＋ 어미・굴절]
かく 人	kak-u N		[연체규정・어간 ＋ 체언・조합]
かき つたえた	kak-i V		[연용규정・어간 ＋ 용언・조합]
かきながら つたえた	kak-i_nagara V		[연용규정・어간 ＋ 어미 ＋ 접사]
かいてから つたえた	ka=i_te_kara V		[연용규정・어간 ＋ 접사]
かいたり つたえたり	ka=i_tari V		[연용규정・어간 ＋ 접사]

⑪ 「체언화된 の격」이라는 문법범주에서의 대립

かくのが	kak-u	_no_ga	[체언화・주격・어간＋어미＋접사＋접사・교착]
(かいたのが)	ka =i-ta	_no_ga	[체언화・주격・어간＋어미＋접사＋접사・교착]
(かいているのが)	ka =i-te i_r-u	_no_ga	[체언화・주격・어간＋어미＋접사＋접사・교착]
(かいていたのが)	ka =i-te i_ta	_no_ga	[체언화・주격・어간＋어미＋접사＋접사・교착]
かくのを	kak-u	_no_wo	[체언화・대격・어간＋어미＋접사＋접사・교착]
かくのに	kak-u	_no_ni	[체언화・여격・어간＋어미＋접사＋접사・교착]
かくので	kak-u	_no_de	[체언화・조격・어간＋어미＋접사＋접사・교착]
かくのと	kak-u	_no_to	[체언화・공유격・어간＋어미＋접사＋접사・교착]
かいているのから	ka =i-te i_r-u	_no_kara	[체언화・탈격・어간＋어미＋접사＋접사・교착]
かいていたのまで	ka =i-te i_ta	_no_made	[체언화・한정격・어간＋어미＋접사＋접사・교착]
かいていたのまでに	ka =i-te i_ta	_no_made_ni	[체언화・한정여격・어간＋어미＋접사＋접사・교착]

⑫ 어휘적 단어구성의 「조어요소의 복합」

かきとり	kaki・tori	[복합어・형태소 ＋ 형태소・명사]
かきなぐる	kaki・nagur-u	[복합어・형태소 ＋ 형태소・동사]

⑬ 문법적 단어구성의 「조어요소의 복합」

かきはじめる	kaki・hajime-ru	[국면을 나타내는 복합동사・형태소 ＋ 형태소・동사]
かききる	kaki・kir-u	[국면을 나타내는 복합동사・형태소 ＋ 형태소・동사]

제2부
단어의 어형체계

단어의 어형은 품사마다 특징 있는 패러디그마틱한 계열체계를 이루고 있다. 따라서 단어의 어형체계를 품사별로 기술하기로 한다.

　용언(동사)의 기본어형은 문의 맨 마지막에 위치하는 형태변화로, 술어 즉 「종지(문을 서술·종지하는)」기능을 한다. 이에 대해 체언(명사)의 기본어형은 술어의 앞쪽에 위치한 형태변화로, 주어 즉,「주제의 지정(문에서 서술되는 것을 제시하는)」기능을 한다. 또한, 보어가 되어 주어·술어에서 서술된 것을 보충하는「(연용)보어」의 기능을 한다.

　기본어형에 대해 파생어형이 있다. 체언에는 술어의 위치에 배치되는「종지」「중지」「접속」등의 문법적 기능을 하는 어형이 있고, 용언에는 주어의 위치에 배치되는「주제의 지정」기능과「연체·연용」기능을 하는 어형이 있다. 이들 기능하에서 문법적 의미를 변별하여 나타내는 어형의 계열 체계가 있다.

　이처럼 문법적 기능 하에서, 문법적 의미를 변별하여 표현하지만 기본 체계로서 명사에는 곡용의 체계가 발달되어 있고 동사·형용사에는 활용의 체계가 발달되어 있다.

제1장 동사의 어형

1) 동사의 어휘·문법적 특징

동사는 기본적으로는 어휘·문법적으로 「운동」을 나타낸다. 운동이라는 것은 멈추고 있지 않는 인간의 「동작」, 「활동」과 사물의 「움직임」을 말한다. 또한, 시간의 흐름 속에서 다른 상태로 이동하는 「변화」라는 의미도 더불어 갖는 「동작」, 「활동」, 「움직임」을 말한다. 동사의 대부분은 이러한 종류의 「의미특징」을 갖는다.

시작과 끝은 있으나 그 어느 시간의 어느 부분에 있어서도 동일한 의미특징을 갖는 「상태」(숫적으로는 적다)나 어딘가에 멈추어 있음을 나타내는 의미특징을 갖는 「존재」, 그리고 시간의 흐름과 관계없이 항상 내재하는 것으로서의 의미특징을 갖는 「성질」을 나타내는 동사가 있다. 이중 「성질」은 본래 형용사가 갖는 의미특징이다.

동사는 이러한 종류의 「의미특징」을 분담하고 있는데, 그 차이가 그 단어의 어형의 차이를 가져온다. 따라서 어순에도 형태변화에도 차이를 가져온다. 어휘적인 「의미특징」이 어형이라는 단어의 문법적인 측면에 범주적으로 작용하고 있는 것으로, 「동작」「활동」「움직임」「변화」「상태」「존재」「성질」이라고 하는 의미특징은 매우 상위의 「범주적 의미」라 할 수 있다.

범주적 의미에 의해 단어는 계열체계를 이룬다. 이 계열을 「단어의 어휘・문법적 계열」이라 부른다. 범주적 의미가 어휘・문법적 차이를 가져온다는 것에 주목하여 명명한 것으로 거기에는 보통 상위와 하위와의 위계관계가 있다. 하지만, 아무리 상위로 일반화해 보아도 현재로서는 하나의 품사를 커버할만한 범주적 의미는 발견할 수 없다. 어휘・문법적인 계열을 밝히는 연구는 동사뿐 아니라 다른 품사에 대하여도 시급하다.

2) 동사의 기본적 기능

동사의 「활용」계열은 우선 「어순」이 나타내는 문법적 기능별로 정리한다. 개괄하면 다음 표의 (1)~(5)의 기능이다.(N=체언, V=용언)

문법적인 기능에 의한 어형표

문법적인 기능 (연속)	문법적인 기능 (존립)	(의미)	보통체 긍정		보통체 부정
(1) 서술·종지(종지형)			かく kak-u.		kak-a_na-i.
			かえる kae-ru.		kae_na-i.
(2) 서술·계속 (접속형)	독립형	원인적	かくので,	kak-u _node,	kak-a_na-i_node,
			かえるから,	kae-ru_kara,	kae_na-i_kara,
		조건적	かくなら,	kak-u _nara,	kak-a_na-i_nara,
			かえるなら,	kae-ru_nara,	kae_na-i_nara,
		역접적	かくのに,	kak-u _noni,	kak-a_na-i-kedo,
			かえるけど,	kae-ru_kedo,	kae_na-i_noni,
	의존형	조건적	かけば,	kak -eba,	kak-a_na-kereba,
			かえれば,	kae-reba,	kae_na-kereba,
		계기적	かくと,	kak-u _to,	kak-a_na-i_to,
			かえると,	kae-ru_to,	kae_na-i_to,
			かいたら,	ka=i_tara,	kak-a_na-kattara,
			かえたら,	kae _tara,	kae_na-kattara,
		역접적	かいても,	ka=i_temo,	kak-a_na-kuttatte,
			かえても,	kae -tatte,	kae_na-kutemo,
(3) 연체(연체형)			かく N	kak-u N	kak-a_na-i N
			かえる N	kae-ru N	kae_na-i N
규정 (규정형)	중지형	제1	かき V	kak-u V	kak-a-zu_(ni) V
			かえ V	kae V	kae-zu_(ni) V
		제2	かいて V	ka=i-te V	kak-a_na-i-de V
			かえて V	kae-te V	kae_na-i-de V
	(4) 연용 (연용형)	동사형	かきながら	kak-i_nagara	※
			かえながら	kae nagara	※
		선행형	かいてから	ka=i-te_kara	※
			かえてから	kae-te_kara	※
		공존형	かいたり	ka=i_tari V	kak-a_na-kattari V
			かえたり	kae _tari V	kae_na-kattari V
(5) 체언상당(준체언형)			かくのが	kak-u _no_ga	kak-a_na-i_no_wo
			かえるのを	kae-ru_no_wo	kae_na-i_no_kara

이 표는 강변화동사 <かく>와 약변화동사 <かえる>의 문법적 기능을 나타낸 활용이다. 어순과 형태변화의 예의 일부이다.

3) 동사의 기본적 기능과 의미, 그 어순과 형태변화

동사의 문법적인 의미를 나타내는 「활용」의 계열을 (1)종지형, (2)접속형, (3)연체형, (4)연용형의 나누어 정리하고 마지막으로 (5)체언상당에 대해 설명해 간다.

(1) 「종지형」의 활용

종지형의 어순은 문의 끝에 위치한다. 문법적인 기능은 기본적으로 「서술·종지」이며, 단문, 또는 종지부분=문(主文)의 술어가 된다. 종지형의 활용에 대해서는 다음과 같은 순서로 설명해 간다.

① 종지형의 기초   : 「무드」와 「시제」
② 종지형의 전개(1)   : 「인정방식」
③ 종지형의 전개(2)   : 「정중」
④ 종지형의 전개(3)   : 위의 기본단위에 대한 의문점
⑤ 종지형의 전개(4)   : 「평서」, 「의문」의 대립, 그 의문점
⑥ 종지형의 전개(5)   : 「기술」, 「설명」의 대립 등, 그 의문점
⑦ 종지형의 관찰에 관하여 : 로마자 표기의 필요성
⑧ 종지형의 설명을 맺으면서

① 종지형의 기초

종지형은 「서술·종지」의 기능 하에서 먼저 「무드」와 「시제」를 변별하여 나타내는 체계를 가지고 있다.

무드		시제	
서술법 (직설법)	사실 (단정)	비과거	よむ yom-u
		과 거	よんだ yo=n-da
	비현실 (추측)	비과거	よむだろう yom-u_daro
		과 거	よんだろう yo=n-da_daro
	전달	비과거	よむそうだ yom-u_soda
		과 거	よんだそうだ yo=n-da_soda
청유법	명	령	よめ yom-e
	권	유	よもう yom-o

위의 표는 세로의 계열을 이중선으로 나타냈는데, 이는 세로의 계열이 동사의 활용체계의 기초를 이루고 있기 때문이다. 체계 안에서 이 세로의 계열이 틀로서 반복적으로 전개된다. 이 세로의 계열을 여기에서는 「문법적인 어형구성」이라 부르기로 한다.

② 종지형의 전개(1) 「인정방식」

종지형에서는 「무드」와 「시제」와의 세로의 계열을 기초체계로 하면서, 여기에 「긍정」계열과 「부정」계열이 대립한다. 이는 「인정방식」이라는 범주의 존재를 의미한다. 부정동사(否定動詞)도 「무드」와 「시제」의 체계를 가진다.

무드		시제	인정방식	
			긍정	부정
서술법 (직설법)	사실 (단정)	비과거	よむ yom-u	よまない yom-a_na-i
		과 거	よんだ yo=n-da	よまなかった yom-a_na-k-atta
	비현실 (추측)	비과거	よむだろう yom-u_daro	よまないだろう yom-a_na-i_daro
		과 거	よんだろう yo=n-da_daro	よまなかっただろう yom-a_na-k-atta_daro
	전달	비과거	よむそうだ yom-u_soda	よまないそうだ yom-a_na-i_soda
		과 거	よんだそうだ yo=n-da_soda	よまなかったそうだ yom-a_na-k-atta_soda
청유법	명 령		よめ yom-e	よむな yom-u_na
	권 유		よもう yom-o	

부정동사와 같은 문법적 동사의 파생을 「문법적 단어구성」이라 명명하여 「문법적 어형구성」과 변별하기로 한다. 「문법적 단어구성」은 문법적인 의미를 나타내기 위해 일어나는 단어구성으로, 현실의 단편을 분담하기 위한 어휘적 단어구성과는 구별된다. 어휘적 단어구성의 입장에서 보면 문법적 단어구성은 단어의 어형구성의 일종이다.

③ 종지형의 전개(2) 「정중」

종지형에는 「무드」 「시제」 「인정방식」의 체계에 있어, 「보통」계열과 「정중」계열의 대립이 있다. 즉, 「정중」이라는 범주로 정중동사를 파생하여 「무드」 「시제」 「인정방식」의 체계를 이룬다.

문법적 기능	문법적 의미			어형의 기본적인 단위			
				보통		정중	
	무드		시제	긍정	부정	긍정	부정
서술・종지	평서	사실	비과거	よむ	よまない	よみます	よみません
			과거	よんだ	よまなかった	よみました	よみませんでした
		비현실	추량 비과거	よむだろう	よまないだろう	よむでしょう	よまないでしょう
			추량 과거	よんだだろう	よまなかっただろう	よんだでしょう	よまなかったでしょう
			인용 비과거	よむそうだ	よまないそうだ	よむそうです	よまないそうです
			인용 과거	よんだそうだ	よまなかったそうだ	よんだそうです	よまなかったそうです
			판단 비과거	よむはずだ	よまないはずだ	よむはずです	よまないはずです
			판단 과거	よんだはずだ	よまなかったはずだ	よんだはずです	よまなかったはずです
		욕구	희망 1인칭	よみたい	よみたくない	よみたいです	よみたくないです
			희망 2.3인칭	よんでほしい	よんでほしくない	よんでほしいです	よんでほしくありません
			의지 1인칭	よもう	(よむまい)	よみましょう	(よみますまい)
			청유	よめ	よむな	よみなさい	よんではいけません

이 표에서는 문법적 기능으로서 「서술・종지」와 「평서」를 사용했고 문

법적 의미로서「사실・비현실・욕구」,「인용・판단」을 사용했다. 하지만, 이들과 문법적 단어구성과의 연관에 대하여는 좀더 살펴보아야 한다.

④ 종지형의 전개(3) 다양한 파생동사

문제점은 위의 표의 다음 부분에 있다.

욕구	소망	희망	1인칭	よみたい	よみたくない	よみたいです	よみたくないです
			2.3인칭	よんでほしい	よんでほしくない	よんでほしいです	よんでほしくありません

「よみたい」「よんでほしい」는 인칭과 관련하여 희망의「무드」를 표현하는 형태변화라 본 것이지만 문법적 단어구성에 의해 만들어진 희망형용사일 가능성도 있다. 그밖에 문법적 단어구성에 의해 파생된 문법적 동사를 몇 개 예시한다.

[가능동사의 파생]	かける	kake-ru
[수동동사의 파생]	かかれる	kakare-ru
[사역동사의 파생]	かかせる	kakase-ru
[수동사역동사의 파생]	かかせられる	kakaserare-ru
[국면동사의 파생]	かきはじめる	kakihajime-ru
[마이너스평가동사의 파생]	かきすぎる	kakisugi-ru
[상동사의 파생]	かいて いる	kaite i-ru
[수수동사의 파생]	かいて やる	kaite yar-u
[의도동사의 파생]	かいて おく	kaite ok-u
[가정동사의 파생]	かくと する	kakuto su-ru
[평가동사의 파생]	かくと いい	kakuto ii
[희망형용사의 파생]	かきたい	kakita-i

이들의 문법적 단어구성의 절차에 대하여는「문법적 파생 단어구성」편

제2부 단어의 어형체계 61

에서 설명하기로 한다. 단, 이들 문법적 파생단어의 어형도 앞의 ②종지형의 전개(1)에서 제시한 어형의 기본적 단위를 나타낸 표의 틀내에서 조직된다. 이들의 활용표는 생략한다.

⑤ 종지형의 전개(4)

「의문」은 「서술・종지」의 하위체계인가? 이제까지의 계열의 틀로 나타내면 아래표가 된다. 「서술・종지」의 문법적 기능하에서 「평서」와 대립하는 세로계열의 체계가 된다. 하지만 문법적 단어구성에 의한 가로로의 전개가 아니지만, 이 단위내에서 정리되는 맨끝의 어순에서의 형태변화도 아니다. 이것은 뒤의 제3부 제4장의 ⑪에서 설명하고 있듯이, 문의 끝에 접사 「か？」를 교착하는 절차에 의한 것으로, 동일시할 수 없다.

서술・종지	평서	사실	비과거	よむか	よまないか	よみますか	よみませんか
			과거	よんだか	よまなかったか	よみましたか	よみませんでしたか
		비실	추량	비과거	よむだろうか	よまないだろうか	よむでしょうか	よまないでしょうか
				과거	よんだだろうか	よまなかっただろうか	よんでしょうか	よまなかったでしょう
			인용	비과거	よむそうか	よまないそうか	よむそうですか	よまないそうですか
				과거	よんだそうか	よまなかったそうか	よんだそうですか	よまなかったそうですか
			판단	비과거	よむはずか	よまないはずか	よむはずですか	よまないはずですか
				과거	よんだはずか	よまなかったはずか	よんだはずですか	よまなかったはずですか
		욕구	소망	희망 1인칭	よみたいか	よみたくないか	よみたいですか	よみたくないですか
				2,3인칭	よんでほしいか	よんでほしくないか	よんでほしいですか	よんでほしくありませんか
			의지	1인칭	よもうか	※	※	※
			청유		※	※	※	※
		전달		비과거	※	※	※	※
				과거	※	※	※	※

이제까지 표에 제시한 틀은 왼쪽의 항목에는 종지형을 통괄하는 문법

적 기능인「서술・종지」라는 항목을 두고 그 오른쪽에는 문의 진술성을 변별하여 나타내는 주요 수단인「무드・시제・인칭」이라는 문법적의미의 항목을 둔 것이다. 그 항목에 따른 형태변화의 대립을 굵은 실선으로 둘러싼 틀안에 개괄했다.

표의 가장 내측의 굵은 이중선으로 둘러싼 세로계열이 가장 기초적이고 정밀하고 충실한 소체계이다. 이같은 세로의 형태변화 체계를「문법적인 어형구성」체계라 부른다.

이 굵은 이중선으로 둘러싼 세로계열을 기반으로 하여「긍정」과「부정」,「보통」과「정중」의 대립으로 순차적으로 전개된다. 표에서는 외측의 굵은 선으로 둘러싼 오른쪽의 가로계열쪽으로 전개된다. 이러한 종류의 파생에 의한 전개를「문법적 단어구성」이라 부른다. 이「문법적 단어구성」에 의해「부정동사」와「정중동사」가 만들어지며, 그것이 각각 세로의 계열을 전개한다. 즉,「문법적 어형구성」에 의한 형태변화로 무드・시제・인칭을 변별하여 나타낸다고 보는 것이다. 표의 가로로 전개되는 세로의 4개의 계열을 한 덩어리로 하여「어형의 기본적 단위」라 부르기로 한다.

세로계열에서는「서술・종지」의 기능하에서, 먼저,「무드」의 차이를 나타내는 형태변화계열이 발달되어 있다. 청자에 대한「평서」와「의문」과의 대립이 있는 것으로 표기했는데 그보다 앞서 풀어야 할 과제가 있다.

「평서」에서는「사실」「비현실」「욕구」가 대립한다.

「사실」은「나의 마음 밖에 있는 것」이라는 의미특징을 가지며, 활용의 기초가 된다.「비현실」은「내가 느끼고 생각하고 사고한 것으로 내가 마음속에서 만든 일」이라는 의미특징을 갖는다.

따라서,「비현실」의 하위에「논리」「판단」「평가」「태도」「감정」「감각」등이「사실」로부터「욕구(기원・권유)」로의 계열의 중간에 배치되어 있다. 왜냐하면「비현실」에 속하는 것에는 그 의미특징을 실현시키는「근거」가 그 활용형이 사용되는 문의 안과 밖에 구문의 구조로서 나타나기 때문이다. 이러한「비현실의 구조」라는 구문의 구조가 공통적이라는 점에서「비현실」로 정리된다고 보아도 좋을 것이다. 이는 외견상으로는「사실」로 보여도「비현실의 구조」구문에 들어가면「비현실」이라는 의미를 실현한다는 사실을 보아도 알 수 있다.

「비현실」에서는 정보의 근원을 나타내는「추측」과「전달」이 대립한다.

「전달」에서는「전문」,「인용」등이 대립한다.

「추측」은「근거에 입각하여 내가 마음 속에서 상상한 일」이라는 의미특징을 갖는다.「전문」은「내가 마음속에서 만든 것이 아니고, 어떤 사람이 말한 것」이라는 의미특징을 갖는다.「인용」은「나의 말이 아니고, 누군가의 말을 빌려 인용한 것」이라는 의미특징을 갖는다.

「욕구」에서는「기원」,「권유」가 대립한다.

「기원」은「내가 욕구가 실현되도록 기대하는 것」이라는 의미특징을 갖으며「권유」는「내가 청자에게 권해 행위를 재촉한다」는 의미특징을 갖는다.

「무드」의 차이를 변별하는 것과 관련하여「시제」의 차이를 변별하는 형태변화 계열이 발달되어 있다. 이 체계는 문의 템포랄리티의 주요 표현 수단이다.

「시제」에서는「과거(지나감)」와「비과거(지나가지 않음)」가 대립한다. 동사의 어형의 기본적인 대립은「과거」와「비과거」이지만, 문에서의 과거·현재·미래의 대립은 상(aspect) 형태에 의한 보완이나 어휘적 의미와 그 조합등의 복합에 의해 표현된다. 술어가 된 종지형의 과거와 현재·미래와의 대립은「절대시제」라 부르기도 한다.

「권유」의 무드에서는 미래에 대상적인 내용이 가리키는 사건의 실현을 원하기 때문에 시제는 당연히 미래이고「과거」와「비과거」의 대립은 없다.

⑥ 종지형의 전개(5)

　화자의 태도를 나타내기 위해 문말에 접사를 붙이는 방법은 <か・かい・かしら……> 등에서의「의심・의문」뿐 아니라 <ね・な・よ・さ・わ・ぞ・ぜ・や……> 등도 있다. 이들은 문법적 단어구성에 의한 것이 아니며 맨 뒤의 어순에서의 형태변화에 의한 것도 아니다. 자세한 것은 뒤에서 논하겠지만, 여기에서는 비슷하지만 논리의 관점이 다른 <～のだ (～んだ・～のです・～んです・～のである・～のであります)> 등의 교착에 의한 체계의 전개를 설명한다.

　「～のだ」의 교착에 의한 체계는「설명」의 체계라 불린다. 이 체계는「기술」의 체계와 대립한다.「기술」의 체계는「～のだ」가 붙지 않는, 즉, 이제까지 설명해 온 체계를 가리키는데 여기에서는 생략한다. 또한,「기술」이「사건의 전개를 시간의 흐름의 방향으로 서술해가는」문법적인 의미를 나타내는데 반해,「설명」은「사건의 전개를 시간의 흐름의 방향으로 서술하지 않고 그 흐름을 거슬러 올라가 텍스트에서의 앞에 제시된 사건에 대해 무언가의 설명을 부가하는」문법적 의미를 나타낸다.

　・ソウルへ発つ前日、私は内藤とエディの三人で話し合いをした。八月四日でコンディションの調整は可能かどうか確かめたかった<u>のだ</u>。
　　　　　　　　　　　　　　　　　　　　　　　　　　　(一瞬の夏)

⑦ 종지형의 관찰에 관하여

　문법적 단어구성이나 어형구성을 보기 위해 형태변화의 음성적 절차를 관찰하는데는 로마자표기가 편리하다. 하나의 예로,「문법적 단어구성」에 의한「부정동사」,「정중동사」의 전개를 예로 들어보자.

(よむ) yom-u　　　　　　(よまない) yoma-na-i
(よみます) yomi-mas-u　　(よみません) yomi-mas-e_n

　사용되는 형태변화의 수단을 보면, 세로계열에서는 굴절·교착이 많고 가로로의 전개에서는 복합과 파생 등의 합성 및 분석적 조합이 많아짐을 알 수 있다(이 조사는 아직 불충분하므로 검토가 필요하다). 형태변화는 문의 내외구조에 지배를 받아 다의적이 된다. 예를 들어, 「~しよう」라는 음성적인 형태는 「문의 인칭(personality)」구조에 의해, 「기원」으로도 「권유」로도 이행한다. 동작주가 「나」이면 「기원」을 실현하고 「너와 나」 혹은 「우리들」이면 「권유」를 실현하는 것과 같은 이치이다. 하나의 음성적 활용형이 문법적 의미를 둘 이상 갖게 되는 것은 대개는 이처럼 다른 외부구조에 의해 제한을 받기 때문이다. 따라서, 어형과 그 문법적 의미를 정확하게 파악하기 위해서는 어형의 기본적 수단으로서의 어순과 그 형태변화형과 그 어형이 사용된 문안에서의 조합된 단어와의 어휘적 의미특징과의 관계와 더불어 분포(distribution)를 고려해야 한다.

⑧ 종지형의 설명을 맺으면서

　「종지형」이란 「서술·종지」의 기능 하에서의 문법적인 의미를 변별하여 나타내는 활용체계, 또는 그것에 속하는 어형을 말한다. 일본어에 있어 이 특징은 문말에 배치된다고 하는 어형구성의 수단, 즉 어순에 의해 두드러진다. 이 두드러진 특징하에서의 형태변화가 「무드」와 「시제」라고 하는 문법적인 의미의 차이의 변별적 표현체계를 기초적 체계로 하여, 이제까지 설명한 바와 같이 다양한 체계로 전개하고 있다. 이제까지 바로 이 활용을 설명하는데 주력해 왔다.
　동사의 형태변화에 굴절·교착·분석적 조합·문법적 단어구성 등의 어형구성이 다양하게 사용된다. 하지만, 그 방법(절차)에 초점을 맞추어 논하기보다는 이 다양한 체계의 전개에 초점을 맞추어 그 활용표를 제시해 왔다. 방법(절차)은 체계를 충실히 하는 것이지만 본질은 체계이기 때문이다.

현재의 일본의 학교문법에서 말하는 「미연・연용・종지・연체・가정・명령」이라는 활용체계가 실은 활용의 체계가 아니고 일부의 어미변화의 굴절및 교착을 다루고 있음에 지나지 않음을 알 수 있다. 그렇지만, 이제까지 설명해 온 것을 포함하여 아직 의문이 있으며, 그 해결을 위해서는 단어별로 어순과 형태변화를 확인하는 작업이 남아 있다. 「무드」와 「시제」라고 하는 문법적 의미의 차이의 변별표현의 계열이 기초적 체계라는 것은 종지형뿐만 아니라, 뒤에 설명할 「서술・계속」의 기능하에서의 문법적 의미를 변별하여 나타내는 「접속형」의 체계나 「규정」의 기능 하에서의 문법적 의미를 변별하여 나타내는 「연체형」의 체계에서도 관찰된다. 다만, 종지형(서술・종지)의 경우만큼 발달한 체계가 아니므로 대립이 결여된 것이 많고, 문법적 의미에도 상이함을 보이는 것이 많다.

종지형(서술・종지)의 「무드」와 「시제」는 거의가 「절대무드」「절대시제」이지만, 접속형(서술・계속)과 연체형(연체규정), 특히 「중지형」의 「무드」와 「시제」는 대부분이 「절대무드」와 「절대시제」에 지탱되는 「의존무드」「의존시제」이다. 이 주변의 문제를 설명하는데 있어 초점을 형태변화의 방법에 맞추는 것은 혼란을 불러일으킨다. 예문을 들어 구문론의 관점에서 그 예문을 해석하고, 그 안에 있는 어형을 설명해야 한다. 이러한 설명을 덧붙일 필요가 있지만, 여기에서는 생략하기로 한다(이미숙역(2004) 『일본어의 통사론』 (원저; 高木一彦) J&C출판사 참조).

제 2 부 단어의 어형체계 67

(2) 「접속형」의 활용

　동사는 「복문」에 있어서 종속부분=문·서두부분=문·복합부분=문의 술어가 되기 위해 그 각각의 부분=문의 후단에 배치되고 「서술·계속」 이라는 문법적인 기능을 나타낸다. 그 기능하에서 「병렬」 「종속」 「복합」 이라고 하는 대립하는 문법적 기능을 변별하여 나타내면서, 무드·시제· 상, 정중, 인정방식등의 문법적 의미를 변별하여 나타내는 체계를 조직하고 있다. 이 체계에 속하는 어형을 「접속형」이라고 한다.

　「접속형(서술·계속형)」은 종지형의 체계에서 파생된 것이지만, 종지형의 체계에 비해 「권유」를 나타내는 계열이 없는 등, 발달된 체계라 할 수 없다.

```
[종속・서술계속]・石が   うごいたので、 壁が  われた。
             ・水が    かわれば、    味が  かわる。
             ・石が    うごいて、    壁が  われた。
[병렬・서술계속]・石も    うごいたし、  壁も  こわれた。
             ・水は    かわったが、   味は  かわらなかった。
```

　접속형의 설명도 종지형의 설명과 같은 순서로 진행한다.

① 접속형의 기초　　　　：「무드」와 「시제」
② 접속형의 전개(1)　　　：「인정방식」
③ 접속형의 전개(2)　　　：「정중」
④ 접속형의 전개(3)　　　：단위표시의 체계에 대한 의문점
⑤ 접속형의 전개(4)　　　：「평서」 「의문」의 대립, 그 의문점
⑥ 접속형의 전개(5)　　　：「기술」 「설명」의 대립 등, 그 의문점
⑦ 접속형의 관찰　　　　：구문론과 로마자표기에 의한 관찰의 필요성

⑧ 접속형의 설명을 맺으면서

여기에서는 체계에 대한 설명은 생략한다. 형태론으로서는 종지형에서의 설명의 반복에 가까울 것이고 무엇보다 접속형은 그 어형이 사용된 구문에서 관찰하는 것이 유효하기 때문이다. 어형의 기능·의미를 구문 없이 설명하는 것은 열거가 되기 쉽고 문법같은 인상만 줄뿐이다. 따라서 열거는 문법책에 맡기고 여기에서도 동사의「접속형」의 체계를 그 단위에서 개략 표시한다. 앞으로 수정이 필요하지만, 다음의 표를「동사의 서술·계속의 어형 단위」라 부르기로 한다. 하지만 종지형에 비해 부차적이고 파생된 어형의 체계로 소멸되어 가는 어형도 많다.

다음 표는 일례로서 종지형에 <から>를 붙인 경우이다. <から>외에 <ので·なら·けれども·のに> 등을 붙인 것도 있는데 동일레벨에서의 활용으로 보아도 좋다. 이에 대해 <が·し·けれども> 등을 붙인 경우에는 원칙적으로「병렬·평서」의 기능으로 보아 구별하기로 했다.

문법적 기능	문법적 의미			접속형			
				보통		정중	
	무드		시제	긍정	부정	긍정	부정
서술·종속·종지·평서	비현실	사실	비과거	よむから	よまないから	よみますから	よみませんから
			과거	よんだから	よまなかったから	よみましたから	よみませんでしたから
		추량	비과거	よむだろうから	よまないだろうから	よむでしょうから	よまないでしょうから
			과거	よんだだろうから	よまなかっただろうから	よんだでしょうから	よまなかったでしょうから
		인용판단	비과거	よむそうだから	よまないそうだから	よむそうですから	よまないそうですから
			과거	よんだそうだから	よまなかったそうだから	よんだそうですから	よまなかったそうですから
			비과거	よむはずだから	よまないはずだから	よむはずですから	よまないはずですから
			과거	よんだはずだから	よまなかったはずだから	よんだはずですから	よまなかったはずですから
		욕구	희망 1인칭	よみたいから	よみたくないから	よみたいですから	よみたくないですから
			2,3인칭	よんでほしいから	よんでほしくないから	よんでほしいですから	よんでほしくありませんから
			소망의지 1인칭	※	※	※	※
			청유	※	※	※	(よんではいけませんから)
		전달	비과거	よむそうだから	よまないそうだから	よむそうですから	よまないそうですから
			과거	よんだそうだから	よまなかったそうだから	よんだそうですから	よまなかったそうですから

접속형을 사용한 구문의 도식을 도시해 보자. 문에 구비된 진술성과 그 표현을 분담하는 접속형이 나타내는 문법적 기능과 의미에 주목하기 바란다.

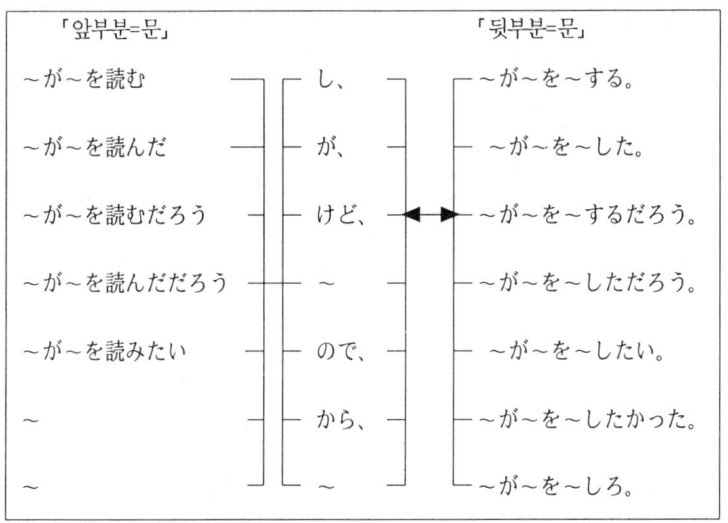

「중지형」은 「서술·계속」의 기능을 가지는 「계속형」의 하나이다. 그 「서술·계속」의 기능하에 문법적 의미를 변별하여 나타낸다. 「중지형」의 형태구성의 방법은 비교적 단순하다. 이미 앞의 3) 동사의 기본적 기능과 의미, 어순과 형태변화에서 다음 표를 제시한 바 있다. 형태변화의 계열도 비교적, 단순하다.

규정 (규정형)	연용 (연용형)	중지형	제1	かこう V かえ V	kak-i V kae V	kak-a-zu__(ni) V kae-zu__(ni) V
			제2	かいて V かえて V	ka=i-te V kae-te V	kak-a_na-i-de V kae_na-i-de V

문법적 기능과 의미는 다양하다. 일견 모순되지만, 이 어형은 종지부분=문에 의거한 표현이다.

- 王は、自分の行きつけの安い酒場へ行き、私は高いほうの店へ行った。(酒呑みの)
- 姉は潮を汲み、弟は柴を苅って、一日一日と暮して行った。
(山椒大夫)
- 若者はベルリンへ行き、みにくい壁の残がいを前に黙考してほしい。
(朝日連載90)
- 部屋を箒いて、戸棚の中を拭きなさい。(夏草冬涛)
- 純子も、昼のニュースで初めて事件を知って、あわてて新聞を広げた。(女社長に乾杯)
- お前達は貰うことばかり知っていて、くれることを知ってるのかい。
(藤村・分配)

이들 예문에서 앞에 위치하는 부분=문은 일견 진술성을 나타내고 있지 않은 것처럼 보인다. 하지만 그렇지 않다. 마지막에 위치하는 부분=문의 진술성에 의거하여 표현하고 있고, 마지막에 위치하는 부분=문이 없으면 그 진술성의 표현의 차이를 구별할 수 없다. 무드・시제표현의 경우에도 「의존 무드」「의존 시제」로서 설명이 가능하며 「절대 무드」와 「절대 시제」에 의해 지탱된다. 이는 중지형뿐 아니라, (정도의 차이는 있지만) 다양하게 관찰된다.

- 身を沈めている私を見たら、母はどんなに悲しむだろう。(幻灯畫集)
- 起きて表へ出て空を見たら、星が一杯あった。(坑夫)
- 本を読めば、本がすべてを語ってくれる。(放浪記)
- でも二つ、三つ、読めば、どれもおんなじだな。(太郎物語・大)

같은 「서술·계속」의 기능을 분담하면서도 중지형과 이들 접속형은 독립성이 강한 앞의 접속형과는 달리 「의존」한다. 따라서 그 형태변화의 계열은 단순하다. 이를 구문의 관점에서 말하면 앞에 배치되는 부분=문에 있어서의 진술성의 독립성에 정도의 차가 있는 것으로, 맨 뒤에 배치되는 부분=문, 즉 「종지부분=문」에서는 단문과 동일한 정도로 독립된 진술성이 있고, 그 진술성의 유형은 다양하며, 단문의 경우와 큰 차이가 없다. 이러한 특성 때문에 「주문(主文)」이라 명명되고 있는 것이다. 의존표현으로 진술성을 갖는 구문을 도식화하여 다음에 제시한다. 앞에 제시한 독립성이 강한 도식과 비교 대조하여 그 상이점을 확인하기 바란다.

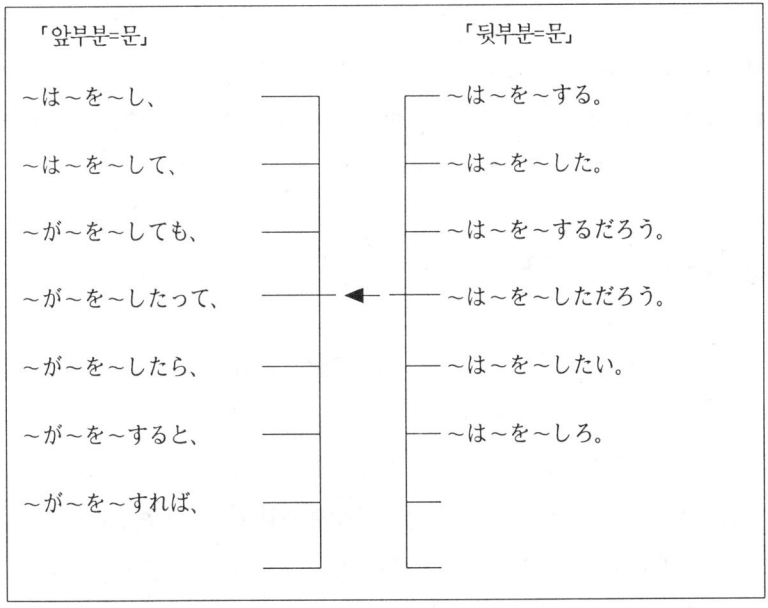

주문(主文)에 반해, 「서두부분=문」「종속부분=문(종속문)」 등, 앞에 배치되는 부분=문은 문으로서의 독립성이 완전하다고 할 수 없다. 게다가,

그 진술성의 독립성에 정도의 차가 있어, 일률적으로 다루기는 어렵다. 예를 들면, 앞의 부분=문의 술어가 <～する(した)=し, ～する=が, ～する=けれども, ～する=ので, ～する=のに, ～する=から> 등의 형식을 갖는 경우에서는 진술성, 즉, 모달리티에 있어서도 템포랄리티에 있어서도 다양한 어형(형태변화)의 계열이 있어 그 독립성은 강하다. 한편, 앞의 부분=문의 술어가 <～し, ～して, ～すれば, ～すると, ～しても> 등의 경우에는 진술성을 나타내는 다양한 어형(형태변화)의 계열을 갖지 않고 종지문(주문)의 진술성의 간섭을 받아, 상대적·간접적으로 진술성을 나타내게 된다. 즉, 그 진술성의 표현방법은 극히 독립성이 약하고 의존적이며 종속적이다.

따라서 복문의 앞에 위치하는 부분인 부분=문중 어떤 것은 각각 독립성이 강하여 뒤에 위치하는 부분=문(종지문=주문)과 거의 대등한 관계로 병렬되지만, 어떤 것은 뒤에 위치하는 부분=문(종지부분=주문)의 진술성에 의존하여, 「종·주」관계인 경우도 있다.

(3) 「연체형」의 활용

동사는 문안에서 규정어(연체수식어)가 되기 때문에 명사 앞에 배치되어 「연체규정」이라는 문법적 기능을 한다. 이 기능하에서, 무드·시제·상, 정중도, 인정방식등의 문법적 의미를 변별하여 나타내는 체계를 조직하고 있다. 이 체계, 또는 이 체계에 속하는 어형을 「연체형」이라고 한다. 「연체형(연체규정형)」은 종지형으로부터 파생되었다고 볼 수 있지만 「권유」체계가 결락되었을 뿐아니라 「정중」의 계열도 거의 소멸되어가고 있다. 또한 「비현실」의 체계에서도 결락과 소멸이 있어 종지형과 접속형의 체계에 비해, 어형체계의 계열이 매우 작다.

연체형 동사는 그 어휘적 의미에 상당한 변화가 있는 것이 있다. 개중에는 동사의 형용사화가 진행중인 것을 알 수 있다. 여기에서도 동사의 「연체형」의 체계를 개략하는데 그친다. 앞으로 수정이 필요하지만 다음과 같은 표를 「동사의 「연체규정」의 어형단위」라 부르기로 한다. 종지형과 접속형에 비해 훨씬 부차적이고 파생된 어형 체계라 할 수 있다.

- だめよ、まだ <u>読む</u> 本が あるのですから」(花埋み)
- むかし、謠をやった頃に <u>読んだ</u> 本が ある。(冬の旅)
- 毎夜 <u>読まない</u> 本を 御苦労千万にも 寝室まで 運んでくる。

(吾輩は猫)

- <u>読みたい</u> 本が、沢山読めるのに、全く 冗談じゃない、と思う。

(太郎物語・高)

문법적 기능	문법적 의미		연체형			
			보통		정중	
	무드	시제	긍정	부정	긍정	부정
연체규정	사실	비과거	よむ~	よまない~	※(よみます~)	※(よみません~)
		과거	よんだ~	(よまなかった~)	※(よみました~)	※(よみませんでした~)
	비현실	추량 비과거	※	※	※	※
		과거	※	※	※	※
		인용 비과거	※	※	※	※
		과거	※	※	※	※
		판단 비과거	(よむはずの~)	※	※	※
		과거	※	※	※	※
	욕구	희망 1인칭	よみたい~	よみたくない~	※	※
		소망 2,3인칭	よんでほしい~	よんでほしくない~	※	※
		의지 1인칭	※	※	※	※
		청유	※	※	※	※

(4) 「연용형」의 활용

　동사가 수식어(연용수식어)가 되는 경우가 있다. 수식어란 기본적으로는 술어가 되는 동사 앞에 배치되어 그 가리키는 사건에 내재하는 특징을 규정한다고 하는 2분할 2부분구조의 확대성분이다. 수식어가 되는 본래의 품사는 부사이다.

　다른 동사 앞에 배치되어 「연용규정」이라는 문법적 기능을 담당하고 이 기능하에 사건의 과정의 부차적인 특징을 가리키는 문법적 의미를 나타내는 동사의 어형이 있다. 이를 「연용형」이라 한다. 동사의 연용형은 부사화 과정에 있다.

・貞春は、筧徭子の手紙を 読みながら 鼻糞を ほじり始めた。
(神の汚れた手)
・鋭くさびた声を出して、左衛門町の通りを 読み読み 歩いて来る。
(夜明け前・二)
・ぬれしょびれた顔を水面からあげて、太郎はあえぎあえぎ つぶやいた。(裸の王様)
・彼の作文を 読んでから、沢田は却って迷いはじめた。(人間の壁・中)
・大学生が、本を 読んだり、ノートをとったりしている。(竹とともに)
・契約条件をよく 読まなかったり、外国にいることを忘れて添乗員に無理難題を持ち掛けた りする客も少なくない。(社説90)

　동사의 연용형이 부사화 과정에 있다는 것은 그 어휘적 의미에 변화가 있다는 것을 의미한다. 이는 그 어형체계에도 나타난다. 다시말하면 「무드・시제・인정방식・정중」을 나타내는 형태변화의 계열이 없다. 즉, 활용체계가 없는 것이다. 시험적으로, 동사의 「연용형」을 앞의 틀에 집어넣어 보면 알 수 있듯이 「동사의 연용규정의 어형단위」라 부르기 어렵

제2부 단어의 어형체계 75

다. 즉, 동사의 연용형은 그 종지형·접속형·연체형과는 사정이 매우 다르다.

문법적 기능	문법적 의미		연용형			
	무드	시제	보통		정중	
			긍정	부정	긍정	부정
연용규정	사실	비과거	よみよみ	※	※	※
		과거	※	※	※	※
	비현실	추량 비과거	※	※	※	※
		과거	※	※	※	※
		인용 비과거	※	※	※	※

「무드·시제·인정방식·정중」표현은 수식되는 동사에 의존한다. 의존하면서, 부사와 같이「모습(양태)」을 자세히 규정하는 것, 하나의 사건 안에서의 두 개의 움직임, 혹은, 두 개의 사건이 동시인지, 선행인지, 공존인지 여부를 밝히는 이른바「탁시스(taxis)」를 변별하는 것 등이 있다. 따라서 이들을 각각「동시형」「선행형」「공존형」「양태형」이라 부르기도 한다. 이 점에서「동사의 연용규정의 어형 단위」를 고려해도 다음과 같은 빈약한 표로 밖에 만들 수 없다.

문법적 기능	문법적 의미		연용형			
	무드	시제	보통		정중	
			긍정	부정	긍정	부정
연용규정	사실	동시형	よみながら	※	※	※
		선행형	よんでから	※	※	※
		공존형	よんだり	よまなかったり	※	※
		양태형	よみよみ	※	※	※
		제1중지형	よみ	よまずに	※	※
		제2중지형	よんで	よまなくて#	※	※
	기타		※	※	※	※
			※	※	※	※

접속형이 수식어로서 사용되어 연용형처럼 사용되는 경우가 있다. 이 표에서는 하나의 예로, 제1중지형인 「よみ」와 「よまずに」, 제2중지형인 「よんで」「よまなくて」를 예로 나타내 보았다.

・かれが 読み知った本朝異朝の史書にも、これほど極端なことが
(国盗り物語)
・珍客が帰ったあとで書斎へ這入って書物も 読まずに 何か考えていた。
(吾輩は猫)
・自分はよろこんでその手紙を皆に 読んで 聞かせた。(土地)

연용형 동사도 접속형 동사와 같이 명사의 격을 지배할 수 있다. 이 때문에 이중술어문, 종속부분=문, 복합부분=문, 서두부분=문의 술어가 될 수 있다.

・書籍を読みながら、自分の部屋の中を彼方是方と歩いた。(家-上)
・見る間に形を変えながら雲が流れている。(塩狩峠)
・男は抽象模様のポスターを眺めながらいつまでもくすくす笑っていた。
(四千字劇場)
・私はにがい砂糖のない代用コーヒーを飲みながら一時間あまりその広告を凝視めていた。(白い人)

다음과 같이 부사화가 진행되어 부사로 전성된 것도 있다.

いさんで、とんで、そろって、よろこんで、いそいで、かえって、よって……

(5) 동사를 체언상당으로 만드는 절차에 대하여

동사를 체언상당으로 만드는 절차가 있다. 동사에 접사 <の>를 붙이는 것이다. 하지만, 이것만으로 명사상당의 어형으로 기능하지는 못한다.

명사는 본래 주어·보어로서 기능한다. 주어와 보어는 기본적으로는 술어보다 앞에 배치되고「제시」와「보완」이라는 문법적 기능하에서 사물(사람·생물·사물)을 나타내는 2분할·2부분구조의 부분으로, 본래 여기에는 명사의 주격·대격을 나타내는 어형이 사용된다.

동사를 명사상당의 어형으로 만들기 위해서는 동사를 다른 동사(용언) 앞에 놓고, 접사 <の>를 붙이고 격을 나타내는 조사를 붙인다. 이렇게 동사가 나타내는 움직임이나 사건을 문법적으로 물체화하여 나타낸다. 이렇게하여 명사상당의 어형이 된다.

동사에 접사 <の>를 붙이는 것은 격을 나타내는 어형으로 만드는 전단계의 수단으로 어형구성의 중간단계이다. 이 점에서 동사의 종지형·접속형·연체형·연용형와 차원이 다르다. 이 <の>를「준체조사」라 부르기도 한다. 또한, 동사의 제1중지형을 체언화하는 수단이 있다(예; 釣る→釣り). 하지만, 그 대부분이 동사를 명사로 바꾼 품사전성이다.

체언화는 동사만의 일이 아니다. 구문적인 필요에서 용언·연어·문상당의 절(節) 등에서도 일어난다. 용언·연어·문상당의 절의 후단에 준체조사 <の>를 붙여 체언화하고 나아가 체언의 어형구성과 같은 어형구성을 함으로써 체언과 같이 기능하게 한다. 따라서, 여기에서 이를 다루는 것은 용언의 독자적인 특징적 어형구성을 위한 수단이기 때문이다.

· 高柳君はあとを 読むのが 厭になった。(野分)
· 不味い河魚の串に 刺したのを、かみさんに焼かして酒を呑んだ。(門)
· 彼女の顔がなおも絶えず 変化しているのに 愕いた。(美しい村)

・女がじっと彼の方を 見詰めていたのへ、ぴたりと視線がかち合った。
(多情仏心)
・若いナースたちが立派人間になるのを患者が 待てないのと似ている。
(癌からの出発)
・そんなに大勢の人間が外で行列を 作っていたのか。(木瓜の花)

よむのが	よむのを	よむのと	よむのへ
よんだのが	よんだのを	よんだのと	よんだのへ
よまないのが	よまないのを	よまないのと	よまないのへ
よまなかったのが	よまなかったのを	よまなかったのと	よまなかったのへ
よまれるのが	よまれるのを	よまれるのと	よまれるのへ
よませるのが	よませるのを	よませるのと	よませるのへ
よんでいるのが	よんでいるのを	よんでいるのと	よんでいるのへ

4) 문법적 파생동사

동사의 어형체계는 먼저 「기본적 어형의 체계」(설명에 사용된 단위표의 세로계열)를 문법적 어형구성으로 조직하고, 이 체계를 기초로 문법적 단어구성에 의해 「부정동사」 나아가 「정중동사」를 파생하여 「기본적 어형」에 대립하는 체계(설명에 사용한 단위표로 말하면 가로계열)를 만든다. 그리고 「인정방식」과 「정중」의 대립하는 「어형의 기본적 단위」를 조직한다. 나아가, 이 2차원적인 「어형의 기본적 단위」와 대립하는 다차원적인 체계로서 「태」「상」「수수」「의도」 등의 「어형의 파생적인 단위」를 조직한다. 거기에서는 문법적 단어구성에 의해 「태동사」「상동사」「수수동사」「의도동사」가 파생된다. 기본동사에서 파생한 가능동사, 수동동사, 사역동사, 수동사역동사, 국면동사, 평가동사, 상동사, 수수동사, 의도동사, 가정동사, 희망형용사 등이 있는데, 뒤에서 다루기로 한다.

이렇게, 동사의 어형수는 많지만, 이와 같이 정리된 이해하기 쉬운 명료한 체계를 이루고 있어 누구나 이해하기 쉽다.

(1) 태동사의 파생

「태(voice)」에는 「수동」과 「능동」, 그리고 「사역」과 「자역(누가 시키지 않고 스스로 하는 것)」과의 차이를 변별하는 활용의 대립이 있다. 문법적 단어구성에 의해 만들어진 「수동동사」, 「사역동사」, 「수동사역동사」의 각각의 문법적 기능을 변별하여 나타내는 활용만을 표시하고 각각의 문법적 기능하에서의 문법적 의미를 변별하여 나타내는 문법적 어형구성에 의한 활용표시는 생략한다. 하지만, 여기에서도 기본적인 동사의 경우에 준해 「무드」와 「시제」, 「인정방식」「정중」 등의 활용체계를 가지고 있다. 지금까지

설명해 온, (1)에서 (5)까지를 참조하여 그 활용을 확인해 보자.(N=명사)

문법적 기능		문법적 의미	태			
			능동	수동	능동사역	수동사역
(1) 서술·종지			かく	かかれる	かかせる	かかせられる
(2) 서술·계속	종속		かけば	かかれれば	かかせれば	かかせられれば
	병렬		かくし	かかれるし	かかせるし	かかせられるし
규정	(3) 연체		かく N	かかれる N	かかせる N	かかせられる N
	(4) 연용		かきながら	かかれながら	かかせながら	かかせられながら
(5) 체언상당			かくの-	かかれるの-	かかせるの-	かかせられるの-

 이러한 종류의 어형은 능동구조문·수동구조문·사역구조문 등의 술어의 위치에 배치되어 각각의 문의 의미구조적인 유형의 주요 구성요소로서 구성에 참여한다. 따라서, 이들의 유형이외의 구조적인 유형으로 사용된 경우는, 수동·사역등의 태동사로부터 다른 동사로 이행한다. 예를 들면, 가능구조문에 있어서의 가능동사와 같은 대상적 내용과 관련된 활용이나, 존경구조문에 있어서의 존경동사 등과 같은 진술성과 관련된 활용으로 이행한다.(참고문헌 43-1/43-2/45-2/46-1/47-2/50-4 참조)

(2) 현실·가능·필연·욕구동사의 파생

 문법적 단어구성에 의한「현실」「가능」「필연」「욕구」의 차이를 변별하는 활용의 대립도 인정된다. 문법적 단어구성의 절차는「가능」과「필연」에 있어서의 <~れる, ~られる, ~することができる, ~してもいい, ~する必要がある> 등 다양하지만, 여기에서는 극히 일부를 예시한다. 각각의 문법적 어형구성의 체계를 나타내는「어형의 파생적 단위」나 활용의 계열의 표시도 생략한다.(참고문헌 43-3참조)

문법적 기능 \ 문법적 의미		현실・가능・필연・욕구			
		현실	가능	필연	욕구
(1) 서술・종지		かく	かける(かかれる)	かかなければならない	かきたい
(2) 서술・계속	종속	かけば	かければ	かかなければならないならば	かきたければ
	병렬	かくし	かけるし	かかなければならないし	かきたいし
규정	(3) 연체	かく N	かける N	かかねばならぬ N	かきたい N
	(4) 연용	かきながら	かけながら	かかなければならないながら	かきたいながら
(5) 체언삽입		かくの—	かけるの—	かかなければならないの—	かきたいの—

(3) 상동사의 파생

동사는 운동을 나타낸다. 운동에는 과정이 있고, 과정에는 국면의 차이가 있다. 동사는 이 과정의 국면의 차이를 변별하여 나타낸다. 이를 「상(aspect)」이라고 한다.

「상」을 변별하여 나타내는 활용에도 대립이 있다. 시작동사「~しはじめる」・지속동사「~しつづける」・종결동사「~しおわる」 등의 문법적 단어구성과 계속동사「~している」・변화의 결과상 동사「~してある」 등의 문법적 연어(단어의 조합)에 의해 「상동사」가 파생된다. 여기에서도 「어형의 파생적인 단위」나 활용의 계열의 표시는 생략한다.(참고문헌 1-7/5-2/8/9/44-7/ 45-2/61 참조)

문법적 기능 \ 문법적 의미(상)		전체상	국면상 중「계속상」	
			동작계속상	변화의 결과상
(1) 서술・종지		かく	かいている	かいてある
(2) 서술・계속	종속	かけば	かいていれば	かいてあれば
	병렬	かくし	かいているし	かいてあるし
규정	(3) 연체	かく N	かいている N	あいてある N
	(4) 연용	かきながら	かいていながら	かいてありながら
(5) 체언삽입		かくの—	かいているの—	かいてあるの—

<～しはじめる, ～しつづける, ～しおわる……> 등은 문법적 복합어 구성으로「국면동사(aktionsart)」의 일종이다. <～している, ～してある> 등의 문법적 단어의 조합에 의한「상(aspect)」과는 구별된다. <～しはじめている, ～しつづけている, ～しおわっている> 등과 상동사를 만들며, 그 각각에 어형의 체계를 조직하고 있기 때문이다.

- 彼はその奇妙な題の本文を読みはじめた。(点と線)
- 吟子は床の中にもぐり込んだまま本を読み続けた。(花埋み)
- つやはつかえつかえそれだけを読み終った。(或る女)
- 昭子はしばらく黄色いパンフレットを読み続けていた。(恍惚の人)

문법적 연어에는 완성상「～する」, 계속상「～している」, 결과상「～してある」 등이 있다.

- 木原の手紙を鮎太は下宿の火の気のない部屋で読んだ。
  (あすなろ物語)
- 浜に戻ってみると、バフィーは仰向けになって本を読んでいた。
  (若き数学者の)
- 黒板の左横には、本日の日直、土屋裕、菊池保子と書いてある。
  (家族ゲーム)

계속상「～している」에는 동작계속상과 변화의 결과상과의 대립이 있다. 동작동사의 경우에는 동작계속상을 실현하지만, 변화동사의 경우에는 변화의 결과상을 실현한다.

- 早苗も私の横で掛け声を出しながら走っている。(なんとなく)
- ピンク色の小さな靴下を一心に編んでいる。(人間の壁・上)

제2부 단어의 어형체계 83

・一日照ったので畑は大抵ぱさぱさに乾いている。(土)
・この船宿の桟橋ばかりに屋根船が五六艘着いている。(鴎外・百物語)

또한, 동사의 어휘적 의미 안에「한계」나「무한계」등의 의미특징이 포함되어 있는 경우에는 이 문법적 의미가 정밀해진다. 이 경우, 한계를 나타내는 문의 부분의 존재등, 문의 구조에 주목할 필요가 있다. 완성상은 한 덩어리의 동작의 한계로 도달한 동작을 나타낸다. 이 때문에, 반복하는 동작, 동작의 대표, 동작능력, 동작의 가능성, 그리고 동작의 복합 등의 표현에도 사용된다.

・元春はくり返し読んだ。(明月記)
・毎日新聞の来るのを待ち受けて、自分が一番先へ読んだ。(こころ)
・友達の読む書籍は彼も読み、彼の読む書籍は友達も読んだ。
(桜の実の熟す)
・幾十、幾百、幾千の被害者たちがそれを読んだ。(闖入者)

계속상은 동작동사에서는 설정된 시간축에 걸친 동작의 계속을 나타낸다. 이 때문에 다른 것과 공존하는 동시동작 및 동작의 배경등의 표현에 사용된다.

・兄が帰って来た時、父は寐ながら新聞を読んでいた。(こころ)
・振り向いて見ると、須崎は相変わらず奥の寝椅子で本を読んでいた。
(迷路館の殺人)
・信夫はストーブにあたりながら、鉄道の規則集を読んでいた。
(塩狩峠)
・私が浴槽に湯をためて部屋を点検しているあいだ、太った娘はベッドに寝転んでバルザックの『農民』を読んでいた。(世界の終りと)

변화동사의 계속상은「변화의 결과의 계속」을 나타낸다. 위치, 배치, 자세, 모습, 생리상태, 정신상태, 사회상태 등의 변화후의 상태가 설정된 시간축에 걸쳐 있음을 나타낸다. 시간한정이 없는 경우에는「특성」을 나타낸다.

・一夜のうちに目が落ちくぼみ、唇が白っぽく乾いていた。(忍ぶ川)
・殴られたように頭が痺れていて口の中が焼ける程乾いている。
(限りなく透明)
・京口が閉めに行くと、食べ散らした茶碗の底には砂がまるく乾いている。
(春の草)
・九月とはいえ、南国の日盛りはまだ暑く、この円錐火山特有のうす緑の路面は、トラックの車輪の幅だけ白く乾いている。(深い河)

설정된 시간축에 선행하는 동작・변화의 사실을 나타내는「퍼팩트(perfect)」라 불리는 의미표현이 있고, 동작퍼팩트・상태퍼팩트로 나뉘어진다.

・ずいぶん昔になるが、ある時、湘南で夜の海を泳いでいた。
(天声人語91)
・坑夫石井金次は、その日いつものように暗黒な坑内で働いていた。
(坑夫)
・午前九時という時刻に、喫茶店が一軒店開いていた。
(砂の上の植物)
・一足先へ駈出して、古本屋の戸へ着いたが、店も大戸も閉っていた。
(国貞えがく)

형용사는「성질・상태」를 나타내기 때문에 이 범주가 없다. 동사에도「상태」를 나타내는 것이 있는데, 이 경우 역시「국면상」의 차이를 변별하는 어형의 대립이 없다. 음성상의 대립이 있어도 의미상의 대립은 약하여,

형용사의 상태를 나타내는 쪽으로 이행한다.

- 島村は肩から腿まで寒さに痺れた。(雪国)
- 酔いで半ば痺れていた。(雪国)
- 紛争が拡大して米ソを正面対決にひきずりこむ危険は常に存在する。
  (社説85)
- 現在、欧州にも、さまざまな紛争の火種が存在している。(社説90)

또한「してくる」「していく」형은「이동상」의「상(aspect)」이라고도 할 수 있지만, 그것보다도「しておく」「してみる」「してしまう」와 같은, 동작주가 무언가를 위해 의도적으로 하는 동작을 나타내는 국면동사(aktion sart)라 보는 것이 타당할 것 같다.

- それについて全員が作文を書いてくる。(天声人語90)
- 駅の方へ行って様子を聞いてくる。(れくいえむ)
- 高級官僚は５０歳前後から次官や主要局長を残して役所を去っていく。
  (社説91)
- 撮影のときも常に皆を引っ張っていく。(七曲署の秘密)

(4) 의도동사의 파생

인간의 동작에는, 동작에 임하는 자세에 차이가 있다. 동사는 이를 변별하는 형을 갖는다. 이를「의도」라 한다.「의도」를 변별하는 활용에도 대립이 있다. 시도태「～してみる」・과시태「～してみせる」・대응태「～しておく」・근접태「～してくる」・멀어짐을 나타내는 태「～していく」・성립태「～してしまう」・지향태「～しようとする」등, 문법적인 단어의 조합에 의한「의도동사」가 파생된다.「의도동사」는 동작주체의 무

엇을 위해, 어떤 의도로, 어떤 효과의, 어떤 결과상태인지를 변별한다. 여기에서도 「어형의 파생적 단위」나 활용의 계열은 생략한다. (1)에서 (5)까지를 참조바란다.(참고문헌 1/16-4/47-1/48-4/49-4/81-2/90-2 참조)

문법적 기능	문법적 의미	문법적 의도			
		(~する)	(~してみる)	(~してみせる)	(~しておく)
(1) 서술·종지		よむ	よんでみる	よんでみせる	よんでおく
(2) 서술·계속	종속	よめば	よんでみれば	よんでみせれば	よんでおけば
	병렬	よむし	よんでみるし	よんでみせるし	よんでおくし
규정	(3) 연체	よむ-	よんでみる-	よんでみせる-	よんでおく-
	(4) 연용	よみながら-	よんでみながら-	よんでみせながら-	よんでおきながら-
(5) 체언상당		よむの-	よんでみるの-	よんでみせるの-	よんでおくの-

(5) 수수동사의 파생

인간의 동작은 그 동작이 누구에게 이익을 가져다주는지 여부에 있어 차이가 있다. 동사는 이를 변별하는 형태를 갖는다. 이를 「수수」라 한다. 「수수」를 변별하는 활용에도 대립이 있다. 수여태(授与態)「~して やる」・수혜태(受恵態)「~して くれる」・수수태(授受態)「~して もらう」 등, 문법적 단어의 조합에 의한 「수수동사」가 파생된다. 「수수동사」는 수익·수혜의 의도와 그 수익자·수혜자중 어느 입장에 서는가의 차이를 변별한다. 여기에서도 「어형의 파생적 단위나 활용의 계열은 생략한다.(참고문헌 16-4/3/15/22/81-2/90-1 참조)

문법적 기능	문법적 의미	수 수			
		(~する)	(~してやる)	(~してもらう)	(~してくれる)
(1) 서술·종지		かく	かいてやる	かいてもらう	かいてくれる
(2) 서술·계속	종속	かけば	かいてやれば	かいてもらえば	かいてくれれば
	병렬	かくし	かいてやるし	かいてもらうし	かいてくれるし
규정	(3) 연체	かく-	かいえやる-	かいてもらう-	かいえくる-
	(4) 연용	かきながら-	かいてやいながら	かいてもらいながら-	かいてくれながら-
(5) 체언상당		かくの-	かいてやるの-	かいてもらうの-	かいてくれるの-

(6) 어형구성의 로마자표기

어형(word-form)을 「문법적 단어구성」과 「문법적 어형구성」과의 조합으로서 설명해 왔다. 동사의 어형구성의 일부를 로마자표기로 예시한다. (참고문헌 3/15/16-4/20/22/44-3 참조)

きく	kik-u	kik-a-na-i	kik-i-mas-u
きかれる	kik-a-re-ru	kik-a-re-na-i	kik-a-re-mas-u
きかせる	kik-a-se-ru	kik-a-se-na-i	kik-a-se-mas-u
きかせられる	kik-a-se-rare-ru	kik-a-se-rare-na-i	kik-a-se-rare-mas-u
きいている	ki-i-te i-ru	ki-i-te i-na-i	ki-i-te i-mas-u
きいてある	ki-i-te ar-u	ki-i-te na-i	ki-i-te ar-i-mas-u
きいてやる	ki-i-te yar-u	ki-i-te yar-a-na-i	ki-i-te yar-i-mas-u
きいてくれる	ki-i-te kure-ru	ki-i-te kure-na-i	ki-i-te kure-mas-u
きいてもらう	ki-i-te moraw-u	ki-i-te moraw-a-na-i	ki-i-te mora-i-mas-u
きいておく	ki-i-te ok-u	ki-i-te ok-a-na-i	ki-i-te ok-i-mas-u
きいてみる	ki-i-te mi-ru	ki-i-te mi-na-i	ki-i-te mi-mas-u

<きく, きける, きこえる>는 「문법적 단어구성」에 의한 대립으로, 이들은 어휘적의미에 각각 「가능성」「자·타동성」「상태성」 등을 덧붙이기 위해 <kik-u>의 <kik>에 각각 <-e-ru> <-o-e-ru>라는 어미변화와 접사(affix)를 붙이는 「문법적 단어구성」이다.

(7) 그밖의 문법적 파생동사구성

문법적 단어구성과 문법적 단어의 조합은 「태·상·수수·의도」이외에 「가정·평가·판단」등이 있다. 이들은 병렬이 아니고 다차원의 계층을 이루고 있다. 하지만, 복잡한 활용을 정연하게 체계로 조직한다. 문법적 단어구성 및 단어의 조합절차를 간단하게 표시한다.

카테고리에 의한 동사명	문법적 동사구성의 절차			
	기본동사	문법적 파생동사	문법적 복합동사	문법적 조합동사
태동사	よむ	よまれる よませる	よみあう	
상동사	よむ			よんで いる よんで ある よんで いく よんで くる
국면동사	よむ		よみはじめる よみつづける よみおわる	よんで しまう よもうと する
의도동사	よむ			よんで おく よんで みる よんで みせる
수수동사	よむ			よんで やる よんで もらう よんで くれる
겸양동사	よむ	よまれる およみする	およみなさる およみいたす およみもうしあげる	およみに なる
가능동사	よむ	よめる	よみうる	よむ ことが できる
가정동사	よむ			よむと する よんだと する
예시동사				よんだり する

(참고문헌 20/6 참조)

또한, 다음과 같은 것이 있다.

평가동사	よむ		よみすぎる	よむに すぎない よむにこしたことはない
판단동사	よむ			よむと みる(と 思う)

5) 어휘·문법적 계열과 그 형태변화와의 관계

　단어의 어휘적인 의미특징의 차이는 문안에서 조합되는 단어에도 영향을 미친다. 더불어, 어형(어순과 형태변화)도 달라진다. 이는 단어의 어휘적 의미가 의미특징의 집합이라는 점과 관련이 있다. 단어의 어휘적인 의미를 구성하는 의미특징 중, 어떤 것은 특정 단어군에 있어 공통적이고 어떤 것은 또 다른 단어군과 공통적이다.
　이 공통되는 의미특징에 따라 단어군은 공통되는 어순과 형태변화를 보인다. 단어의 어순과 형태변화의 계열이 엄밀히 말하면 단어별로 다르다고는 하지만, 공통되는 의미특징을 갖는 단어군은 어느 정도의 공통되는 어순과 형태변화의 계열을 갖게 된다.
　공통되는 의미특징하에서 공통되는 어형체계를 갖는 단어가 무리를 이루고 있는 것으로, 이 공통되는 의미특징은 범주적으로 작용한다. 단어는 각각 의미특징을 가지고 있고 문안에서 다른 단어와 조합할 때, 구문론적으로(syntactically) 관계를 맺는 의미특징이 있다. 이를「범주적 의미 (categorical meaning)」라 한다.
　같은 범주적 의미를 갖는 단어는 무리를 이루며, 각각 어휘적으로나 문법적으로 계열을 이루는 데, 이러한 단어의 무리를 오쿠다(奥田靖雄)「動詞論」(1992)에서는 단어의「어휘·문법적 계열」이라 명명하였다. 동사도 다른 품사와 마찬가지로 몇 개인가의 어휘·문법적 계열을 갖는다. 시험적으로 이하의 동사에 대하여 제시한 어형에서의 문법적 의미를 비교해 보면 알게될 것이다.(참고문헌 18 참조)

　　　きる, ある, ちがう　　[<~する>와 <~した>형의 차이는?]
　　　あるく, くさる　　　　[<~する>와 <~しろ>형의 차이는?]
　　　はしる, しぬ, ある　　[<~する>와 <~している>형의 차이는?]

오쿠다(奧田靖雄)「動詞論」(1992)에서는 동사에「어휘·문법적 계열」을 인정함으로써 해명 가능하다고 설명하였다. 뒤에 인용한 6)의 유모토(湯本沼南)의 동사분류를 참조 바란다.

① 템포랄리티(문의 시제)에 있어서의「미래형」「현재형」「과거형」등과의 관계

  ┌─동작동사 わる·はる·はがす·はこぶ·なでる·つくる……
  ├─존재동사 ある·いる·おる……
  └─상태동사 うずく·つかれる·あきれる·ことなる·ちがう……

② 모달리티에 있어서의「명령형」「기원형」과의 관계

  ┌─의지동사 あるく·やぶる·うる·ふとる·いる……
  └─무의지동사 ふる·ふえる·くさる·まがる·ある……

③ 아스펙츄얼리티(문의 상)에 있어서의「동작계속상」「결과상」과의 관계

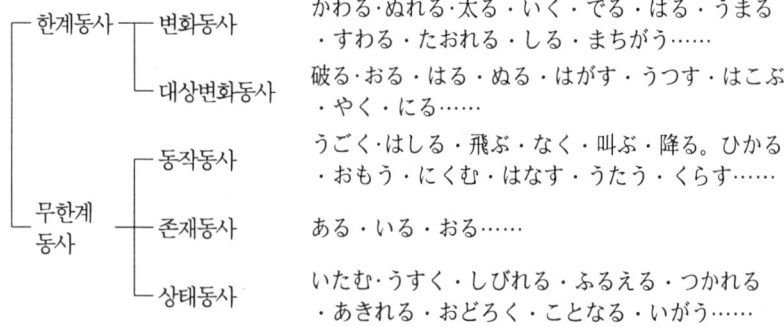

④ 태에 있어서의「직접·간접·주체수동태」「제3자 수동태」등과의 관계

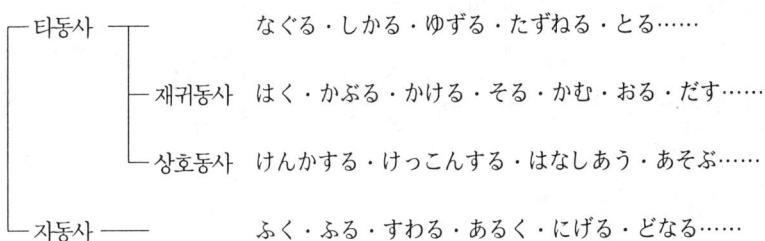

6) 동사의 어휘 · 문법적 계열

다음은 유모토(湯本沼南)의 동사분류의 인용이다.

(1) 인간의 몸을 사용한 운동

Ⅰ. 인간의 동작
1. 사물에 영향을 미치는 동작

1) 대상변화(もようがえ)	たおす · おる · のばす · まるめる · かがめる · むすぶ · そろえる · きる · とかす · こわす · あらう · とぐ · ほす · にる · ひやす · こねる · しぼる · あける · たがやす · ならす · てらす · ころす
2) 움직이게 함(うごかし)	ゆらす · ふる · まわす · とばす · ころがす
3) 부착(とりつけ)	つける · かける · ぬる · まく · つる · さげる · いれる · つぐ · はさむ · おりこむ · おく · たてる · つむ · まぜる · かぶる · おう
제거(とりはずし)	とりはずし · とる · はぐ · むく · そる · すくう · ぬく · はらう · のける · はなす
4) 이동(うつしかえ)	おろす · あげる · おとす · だす · なげる · ほおる · とばす · ながす · たぐる · うつす · はこぶ · おくる · とどける · あつめる · ずらす
5) 접촉(ふれあい)	さわる · こする · ふく · なでる · もむ · つかむ · いじる · かく · おす · ひく · なぐる · つく
6) 섭취(とりいれ)	のむ · すう · くう · たべる · はく · はきだす
7) 생산(つくりだし)	つくる · こしらえる · わかす · たく · ぬう · あむ · なう · おる · つむぐ · きずく · ほる
8) 양의 변화	ふやす · へらす · ます

2. 사물의 상태에 영향을 미치는 동작

1) 사물의 상태에 변화를 가져오는 동작	かためる · うすめる · せばめる · よわめる · たかめる · ふかめる · きたえる · ととのえる
2) 현상을 만들어내거나, 없애는 동작	ともす · (音を)たてる · (火を)おこす · あおぐ · けす

3) 동물・식물에 대한 영향		そだてる・からす・かう・はやす・うむ
4) 인간에 대한 영향		みちびく・つれだす・つれてかえる・派遣する・案内する・逮捕する
5) 일반적인 영향		うごかす・かえる・とめる・なおす・のこす・つかう・かいせいする・ほぞんする
6) 동작・상태의 개시, 계속, 종료		はじめる・つづける・おえる・やめる

II. 자기운동으로서의 동작

1) 공간적인 이동		いく・くる・かえる・よる・さる・すすむ・でる・はいる・あがる・こえる・のく・うつる・さまよう・あつまる・にげる・あるく
2) 위치변화		のる・もたれる・すがる・とびつく・だきつく・かみつく・とりつく・かこむ・ならぶ
3) 신체동작		たつ・かがむ・ねる・おきる・のけぞる・ふす・むく・うなづく・もがく・なく・うめく

III. 인간의 육체적인 대상변화 ふとる・うるむ・はげる・やむ・しぬ・ふけこむ・よう・うえる・せきこむ・ねむる

IV. 인간의 생리・심리적인 상태 しびれる・くらむ・むせぶ・いたむ・ふるえる・ほてる・つかれる・あきれる・あきれる・おどろく・ひるむまよう・おびえる・なごむ

V. 장소의 상태 にぎわう・こむ・ざわつく・ひしめく・さびれる

(2) 심리활동

I. 감성활동

1) 지각활동		みる・ながめる・のぞく・にらむ・きく・かぐ・あじわう
2) 발견활동		みつける・みとめる・みかける・みうしなう・みおとす・ききつける

Ⅱ. 감정적인 태도		よろこぶ・このむ・にくむ・ねたむ・のろう・おこる・したう・うやまう・いとおしむ・めでる・うらむ・なつかしむ・おそれる・くやむ・しんじる・かんしんする・ほしがる・こわがる・ほめる・ねぎらう・そしる・くさす
Ⅲ. 사고활동		おもう・かんがえる・たとえる・みなす・わすれる・しる・まちがえる・わかる・さとる・みやぶる・かぎだす・つきとめる・えらぶ・こうていする・ひょうかする・よそうする
Ⅳ. 언어활동		いう・はなす・とく・のべる・よぶ・なづける・しらせる・とう・どもる・くちごもる・だまる・くちごもる・きく・かく・したためる・よむ・えがく・さつえいする
Ⅴ. 의지활동		のぞむ・ねがう・たのむ・もとめる・きょひする・やくそくする・たくらむ・どりょくする
Ⅵ. 논리조작		くらべる・たす・かける・わる・くらべる・かぞえる・ぶんるいする・えんえきする

(3) 인간의 활동

Ⅰ. 조사활동		しらべる・さがす・さぐる・はかる・かぞえる・うらなう・しけんする・けんさする
Ⅱ. 태도적인 활동		せめる・まもる・そむく・したがう・あらそう・あう・わかれる・まける・じゃますろ
Ⅲ. 표현활동		おどる・まう・うたう・どなる・さけぶ・がなる
Ⅳ. 사회적 활동		つとめる・つかえる・はたらく・かせぐ・すむ・くらす・やとう・とつぐ・やしなう
Ⅴ. 수수활동		もらう・かう・うばう・くれる・やる・あげる・ゆずる・かす・かえす・あずける・うる
Ⅵ. 사회활동		たたかう・ほろぼす・さかえる・ぼうえいする・かんりする・さくしゅする・えいぎょうする

(4) 사물의 물리적인 운동

Ⅰ. 사물의 움직임

1) 사물의 움직임		まわる・ころがる・ゆれる・はねる・はずむ・ゆらぐ・はためく・そよぐ・なびく・うねる・ただよう・はじける・もえる・ながれる・よせる・さかまく・よどむ
2) 사물의 상태		ひかる・けむる・ひびく・きしむ・におう・ねばる・ぬかる

Ⅱ. 사물의 변화

1) 대상변화 たおれる・かたむく・おれる・まがる・ひろがる・へこむ・のびる・とがる・ゆがむ・すぼむ・よれる・めくれる・きれる・われる・さける・やぶれる・くずれる・つぶれる・ほどける・もつれる・こわれる・あく・しまる・にごる・たるむ・よごれる・あせる・きばむ・かわく・ぬれる・そまる・さびる・やける・にえる・むれる・さめる・しまる・こおる・くさる

2) 부착 つく・からまる・しみる・あたる・さがる・たれる・つまる・はまる・ささる・うまる・つかる・たまる・つもる・とれる・もげる・ぬける・むける・はげる・もれる・あふれる

3) 장소이동 あがる・のぼる・おりる・もる・こぼれる・ふっとぶ・つたう・うく・しずむ・にじむ

4) 양의 변화 ふえる・くわわる・へる・うわまわる・ぞうだいする・げんしょうする

Ⅲ. 사물의 출현・소멸
わく・ふきだす・あらわれる・できあがる・きえる・なくなる・はっせいする

Ⅳ. 자연현상
ふる・ふぶく・しぐれる・ふく・てる・さす・あける・はれる・くもる・かすむ・ふける・はるめく・あれる・しける・なぐ・ひえる

Ⅴ. 동물・식물의 움직임
はんしょくする・せいちょうする

1) 식물의 변화 はえる・さく・ちる・みのる・うれる・しげる・かれる・しおれる・くちる

2) 동물의 행동 ついばむ・じゃれる・たかる・すくう・つがう・うむ・とぶ・ほえる・なく・とうみんする

3) 동물의 변화 うまれる・すだつ・かえる・ふかする・だっぴする

(5) 특성・관계・존재

Ⅰ. 특성 すぐれている・あかぬけている・しみったれている・にやけている・でっぱっている・つきでている・そびえている・いりくんでいる・ばかげている・さえている

Ⅱ. 관계 にている・にあう・ちがう・まざる・おとる・かなう・へだてている・ならんでいる

Ⅲ. 존재 ある・いる・そんざいする・せいぞんする・たいざいする

7) 절대진술성 · 상관진술성 · 상대진술성

　다음의 각각의 예문에서는 그 함축부분＝문과 종속부분＝문의 문법적 기능과 문법적 의미가 다르다. 특히 탁시스(taxis)·시제·상에 주의하여 진술성의 차이가 어떤 것인지 관찰해 볼 필요가 있다.

　・<u>人々の　あるく</u>　　　　音が　夜中まで　聞こえていた。
　・<u>人々の　あるいて　いる</u>　音が　夜中まで　聞こえていた。

　・<u>疲れの　とれた</u>　　　　人は　あすは　働きに　きてくれるだろう。
　・<u>疲れの　とれて　いる</u>　人は　あすは　働きに　きてくれるだろう。
　・<u>疲れの　とれる</u>　　　　人は　あすは　働きに　きてくれるだろう。

　・<u>帽子を　かぶって　いる</u>　少年が　泣いていた。
　・<u>帽子を　かぶった</u>　　　少年が　泣いていた。
　・<u>帽子を　かぶって　いた</u>　少年が　泣いていた。

　・姉は　<u>五時に　起きて、</u>　働きに　行く。
　・姉は　<u>五時に　起きて、</u>　働きに　行った。

　・その時　<u>部屋を　片付けて、</u>　はやく　家に　帰りなさい。
　・あの時　<u>部屋を　片付けて、</u>　はやく　家に　帰るのだった。
　・あの時　<u>部屋を　片付けて、</u>　はやく　家に　帰った。

　진술성은「서술·종지」의 기능하에서는 자립적이다. 하지만,「서술·규정」과「서술·계속」의 기능하에서는 자립한다고 보아도 될 것과 그렇지 않은 유형이 있다.「서술·계속」과「서술·규정」의 기능하에서의 자립하지 않는 것은 그 동일한 문안에 공존하는「서술·종지」의 진술성에 의거하여 그 진술성을 나타내고「서술·종지」에 나타나는 진술성이 절대적인 것으로 기능하고 있어, 그 문에 있어서의 진술성의 기초임을 말해준다. 이 하나의 문안에서의 자립과 비자립의 대립적인 공존관계는 하나의 문안에 「절대진술성」과 「의존진술성」의 대립이라는 공존관계가 있음을 의미한다.

「서술・계속」과 「서술・규정」의 기능하에서의 이 대립하는 유형의 도식은 앞의 「(2)동사의 접속형의 활용」이라는 장에서 도식화하여 제시해 놓았다. 이 「서술・계속」과 「서술・규정」의 기능하에서는 「서술・종지」의 절대진술성에 의거하여 그 진술성을 구성하는 요소가 결락된 것이 다양하게 보인다. 결락된 요소가 극히 일부인 것과 그 대부분에 이르는 것까지 다양하다. 이 사실은 「서술・계속」과 「서술・규정」의 기능하에서 「절대진술성」부터 「의존진술성」으로 이행하고 있는 중간적인 단계의 연속이 있음을 말해준다. 절대진술성이 화자의 발화의 시점(moment)을 시간의 계산의 기준점으로 하는 표현임에 반해 「의존진술성」은 시간의 계산의 기준점을 절대진술성에 있어서의 과거와 미래의 어떤 시점으로 이동시키는 표현이다. 여기에서는 이중(二重)의 템포랄리티・모달리티・퍼스낼러티가 표현되기도 한다.

절대진술성과 의존진술성・상대진술성과 그 중간의 존재의 문제는 좀 더 연구가 필요하며, 특히 구문론에서의 성과가 기대된다. 그 성과와 병행하여, 형태론에서도 성과를 올릴 수 있는 것이다.

제2장 형용사의 어형

1) 형용사의 어휘 · 문법적 특징

　형용사는 어휘·문법적으로는 기본적으로 「특성」을 나타낸다. 특성은 사물에 내재하는 성질중의 하나로 운동과 상태에 나타난다. 문법적으로는 명사의 질을 규정한다.

2) 형용사의 기본적 기능, 어순과 형태변화

형용사의 「활용」의 계열은 먼저, 「어순」이 나타내는 문법적 기능별로 정리된다. 개괄하면 다음 표의 (1)~(5)의 기능이다.(N=명사, V=동사)

기 능		어 형(어순과 형태변화)	
(2) 서술·종지		ふるい。	きれいだ。
(3) 서술·계속	종속	ふるければ、	きれいなので、
	병렬	ふるいし、	きれいだし、
규정	(1) 연체	ふるい N	きれいな N
	(4) 연용	ふるく V	きれいに V
(5) 체언상당		ふるいの(が)	きれいなの(を)

이 표는 어순과 형태변화에 의한 문법적인 기능을 변별하여 나타낸 활용의 예이다. 제1형용사 <ふるい>와 제2형용사 <きれいな>의 경우로, 어순과 형태변화와의 일부의 예이다.

규정어가 되는 어형이 <あかい, まるい, かるい, おそい, うれしい> 등과 같이, <~い>가 되는 형용사를 「제1 형용사(イ형용사)」, <しずかな, じょうぶな, はでな, きれいな> 등과 같이 <~な>가 되는 형용사를 「제2 형용사(ナ형용사)」라 부른다.

3) 형용사의 기본적 기능과 의미, 어순과 형태변화

　　형용사의 문법적 의미를 변별하여 나타내는 「활용」의 기본에는 연체형과 종지형의 계열이 있다. 파생어형으로 접속형과 연용형이 있다. 일본어의 형용사는 직접 술어가 될 수 있다. 동사와 마찬가지로 「서술・종지」의 기능하에 「무드」「시제」를 나타내며 활용계열이 발달되어 있어 시제표현에 의한 시간한정을 받는다. 이 경우, 「상태」를 나타낸다.

・あけがた　あの山は　赤かった。
・きのう　海は　黒かった。

　　술어로서 발달된 활용어형을 규정어의 위치에 배치함으로써 「상태규정」의 기능도 획득한다. 그리고, 규정어의 「과거」「비과거」의 형태변화가 「질규정」과 「상태규정」을 변별하기 위한 기능을 획득하고 있다.

・赤かった　山が　いまは　青い。　　・黒かった　海が　いまは　青い。
・青い　山が　さっきは　赤かった。　・青い　海が　さっきは　黒かった。

　　이렇게 형용사는 그 어휘적인 의미에 「특성」「상태」를 갖게 된다. 즉, 형용사의 의미・기능은 기본적으로 「질규정」이며 여기에 「상태규정」이라는 파생적 의미・기능을 갖는다.

(1) 연체형-규정기능을 나타내는 어형

　　「체언 규정(연체)」기능은 체언 앞으로의 배치하는 어순에서 나타나고 「용언규정(연용)」기능은 용언의 앞에 위치하는 어순에서 부사로서 기능한다. 규정어가 되는 「연체규정」의 어형이 기본어형이며 「연체형」이라 불린다. 형태변화는 술어의 형태변화의 간섭이 있고 형태는 「서술종지」와 중복된다. 따라서 표시는 생략하되, 의미는 뒤에서 개괄한다.(참고문헌 3/5-6/22/45-5 참조)

- 蝦夷駒ケ岳は 高い 山だ。　　・きれいな 花が 散った。
- 蝦夷駒ケ岳は 高かった 山だ。　・きれいだった 花が しおれた。

　수식어가 되는 「연용규정」어형은 부사화가 진행한다. 형용사의 부사적 용법이라 불리지만, 실은 부사화가 진행되어 전성된 것이 많아, 이에 대해 「형용사의 연용형」이라는 호칭을 붙이는 것은 적절하지 않다.

- ポチが あの餌を きれいに 食べた。
- あの品を 軽く 売り切った。

(2) 종지형-서술・종지기능을 나타내는 어형

　「서술・종지」의 어형은 단문의 술어・종지부분=문의 종지에 배치되어 술어가 되는 문법적 기능・의미를 나타내며, 「종지형」이라 불린다.

```
あの 家は ふるい。
        ふるい     ふるくない      ふるいです       ふるくないです
        furu-i    furu-ku_na-i    furu-i_des-u    furu-ku_na-i_des-u
```

　「서술・종지」의 활용은 풍부하지만 동사만큼은 아니다. 「기원・권유」의 어형이 없고, 「인정방식・정중」의 대립은 있지만, 「태・상・수수・의도」등의 「어형의 파생적 단위」는 없다. 풍부함도 정밀함도 동사에 미치지 못한다. 이하, 어형의 소체계이다.

문법적 기능		문법적 의미		파생적 어형의 단위			
				보통		정중	
		무드	시제	긍정	부정	긍정	부정
서술·종지	평서	사실	비과거	ふるい	ふるくない	ふるいです	ふるくないです
			과거	ふるかった	ふるくなかった	ふるかったです	ふるくなかったです
		비현실 판단	추량 비과거	ふるいだろう	ふるくないだろう	ふるいでしょう	ふるくないでしょう
			추량 과거	ふるかっただろう	ふるくなかっただろう	ふるかったでしょう	ふるくなかったでしょう
			단 비과거	ふるいはずだ	ふるくないはずだ	ふるいはずでしょう	ふるくないはずでしょう
			단 과거	ふるかったはずだ	ふるくなかったはずだ	ふるかったはずです	ふるくなかったはずです
		욕구	희망 1인칭	※	※	※	※
			희망 2,3인칭	※	※	※	※
			의지 1인칭	※	※	※	※
			청유	※	※	※	※
		전달	비과거	ふるいそうだ	ふるくないそうだ	ふるいそうです	ふるくないそうです
			과거	ふるかったそうだ	ふるくなかったそうだ	ふるかったそうです	ふるくなかったそうです
	질문	사실	비과거	ふるいか	ふるくないか	ふるいですか	ふるくないですか
			과거	ふるかったか	ふるくなかったか	ふるかったですか	ふるくなかったですか
		비현실 판단	추량 비과거	ふるいだろうか	ふるくないだろうか	ふるいでしょうか	ふるくないでしょうか
			추량 과거	ふるかっただろうか	ふるくなかっただろうか	ふるかったでしょうか	ふるくなかったで
			단 비과거	ふるいはずか	ふるくないはずか	ふるいはずですか	ふるくないはずですか
			단 과거	ふるかったはずか	ふるくなかったはずか	ふるかったはずですか	ふるくなかったはずです
		욕구	희망 1인칭	※	※	※	※
			희망 2,3인칭	※	※	※	※
			의지 1인칭	※	※	※	※
			청유	※	※	※	※
		전달	비과거	※	※	※	※
			과거	※	※	※	※

(3) 접속형-「서술·계속」기능을 나타내는 어형

　복문에 있어서의 「서술·계속」의 어형은 복문에 있어서의 앞 부분=문의 끝에 배치되어 술어가 되는 문법적 기능·의미를 나타내고 「접속형」이라 불린다. 「서술·종지」로부터 파생된 것으로 「서술·계속」의 기능하에서 「무드」 「시제」 등을 변별하여 나타낸다. 하위에 「병렬·계속」과 「종속·계속」의 기능을 변별하여 나타내는 활용체계가 있다.

・部屋が 広いから、みな ねころんだ。 その柿が 渋くて、 吐き出した。
・仕事は きついし、給料は やすかった。陽は 高いが、気温は 低い。

문법적 기능	문법적 의미			파생적 어형의 단어			
				보통		정중	
	무드		시제	긍정	부정	긍정	부정
평서 서술・종지	사실		비과거	ふるいので	ふるくないので	ふるいですので	ふるくありませんので
			과거	ふるかったので	ふるくなかったので	ふるかったですので	ふるくなかったですので
	비사실	추량	비과거	ふるいだろうから	ふるくないだろうから	ふるいでしょうから	ふるくないでしょうから
			과거	ふるかっただろうから	ふるくなかっただろうから	ふるかったでしょうから	ふるくなかったでしょうから
		판단	비과거	ふるいはずだから	ふるくないはずだから	ふるいはずですから	ふるくないはずですから
			과거	ふるかったはずだから	ふるくなかったはずだから	ふるかったはずですから	ふるくなかったはずですから
	욕구	희망	1인칭	※	※	※	※
			2, 3인칭	※	※	※	※
		의지	1인칭	※	※	※	※
		청유		※	※	※	※
	전달		비과거	ふるいそうだから	ふるくないそうだから	ふるいそうですから	ふるくないそうですから
			과거	ふるかったそうだから	ふるくなかったそうだから	ふるかったそうですから	ふるくなかったそうですから
질문	사실		비과거	ふるいし	ふるくないし	ふるいですし	ふるくないですし
			과거	ふるかったし	ふるくなかったし	ふるかったですし	ふるくなかったですし
	비사실	추량	비과거	ふるいだろうし	ふるくないだろうし	ふるいでしょうし	ふるくないでしょうし
			과거	ふるかっただろうし	ふるくなかっただろうし	ふるかったでしょうし	ふるくなかったでしょうし
		판단	비과거	ふるいはずだし	ふるくないはずだし	ふるいはずですし	ふるくないはずですし
			과거	ふるかったはずだし	ふるくなかったはずだし	ふるかったはずですし	ふるくなかったはずですし
	욕구	희망	1인칭	※	※	※	※
			2, 3인칭	※	※	※	※
		의지	1인칭	※	※	※	※
		청유		※	※	※	※
	전달		비과거	ふるいそうだし	ふるくないそうだし	ふるいそうですし	ふるくないですし
			과거	ふるかったそうだし	ふるくなかったそうだし	ふるかったですし	ふるくなかったですし

(4) 연용형에 관하여(설명생략. 위의 1)을 참고할 것)

(5) 체언상당의 기능을 나타내는 어형

 이미 설명한대로 체언상당으로 만드는 형태변화는 앞의 (1)~(4)에서의 형태변화와는 레벨이 다른 문법현상이다. 문의 구조를 지탱하는 부분을 만드는 전단계에서 용언에 체언의 성격을 부여하여 용언을 체언상당으로 만들기 위한 형태변화이다.

- <u>青いの</u>が　　みえた。　　　・<u>新しいの</u>を　　きらった。
- <u>青い 色</u>が　　みえた。　　　・<u>新しい 物</u>を　　きらった。
- <u>青色</u>が　　　みえた。　　　・<u>新物</u>を　　　　きらった。

4) 형용사의 의미개괄

 형용사의 본질은 「질규정」에 있다. 체언의 앞에 위치하여 체언이 가리키는 사물·인간·사건의 「특성」을 「규정」한다. 이 때문에 어휘적인 의미는 기본적으로 성질중의 「특성」이다. 특질은 명사술어가 나타낸다. 이하, 형용사의 문법적 의미를 개괄한다.

　·青い 海　　　·赤い 山　　　·大きい 川　　　·丸い 月

(1) 무드

 문법적 의미 「무드(mood)」는, 형용사의 어형변화에도 나타나, 청자에 대한 무드와 대상적인 내용, 또는 대상으로 하는 현실의 단편에 대한 무드의 차이를 변별한다. 먼저, 청자에 대한 「평서」와 「의문」과의 두 개의 무드로 나뉜다. 이 「평서」의 무드는 대상적인 내용에 대한 「사실」과 「비현실」과 「전달」의 무드로 나뉜다. 하지만, 동사의 경우와 달리, 「기원」과 「권유」의 패러다임은 없다. 「비현실」에는 「추량」무드와 「논리」무드가 있다. 「추량」과 「논리」의 무드가 대립하는 체계를 갖는 것은 「비현실」의 무드에 있어서이고 「사실」의 무드하에서는 인정되지 않는다. 「사실」의 무드가 화자인 나의 의식밖에 있는 일로서 서술하는 무드이기 때문이다.
 「무드」를 변별하는 어형의 체계는 「서술·종지」의 경우뿐 아니라, 「서술·계속」「규정」「체언상당」 등의 문법적 기능의 경우에도 인정된다. 하지만 「서술·종지」의 경우만큼 발달되어 있지 않아 대립이 결여된 곳이 많다.

(2) 시제

　문법적 의미「시제(tense)」는 기본적으로는 화자가 말하는 시점을 기점으로 하여 문의 대상적 내용의 성립이 동시인지, 그 이전인지 이후인지를 변별하는 데에 참가한다. 그 어형은 풍부한 체계를 이루고 있지만, 활용 레벨에서는「과거」「비과거」가 대립하고 있고 그 활용은 삼극(과거 · 현재 · 미래)이 대립하는 것이 아니다. 여기에서도 시제어형의「비과거」형태로 문안에 위치하여 미래와 현재와 초시를 변별한다.

　「시제」의 차이를 변별하여 나타내는 활용체계는「서술 · 종지」의 경우뿐 아니라,「서술 · 계속」「규정」「체언상당」등에도 인정할 수 있다. 하지만「서술 · 종지」의 경우만큼 발달한 체계가 아닌 미발달된 체계로, 대립이 결여된 곳이 상당히 많다.

(3) 파생적 단어구성에 의한 어형

　「태 · 상 · 수수 · 의도」등을 변별하여 나타내는 문법적 단어구성은 동사에는 있지만 형용사에는 없다. 이는 동작을 나타내는 동사가 각각 그 의미특징에「과정성」과 더불어「타동성」「의지성」을 갖기 때문이다. 이 때문에 동사라 해도 그 의미특징으로「과정성」「타동성」「의지성」을 갖지 않는 것의 어형은 패러다임에 결락이 많아지고 형용사의 패러다임에 가까워진다.

5) 형용사의 어휘 · 문법적 계열과 활용

　형용사는「특성」「상태」를 나타내며 여기에 어휘 · 문법적 계열이 있다. 이 어형은 문법적 기능과 문법적 의미의 차이를 변별하여 나타낸다.
　「특성형용사」와「상태형용사」, 그리고, 진술성과 관련된 감각 · 감정을 가리키는「정동형용사」등을 분별할 수 있다.(참고문헌 3/45-5 참조)

① 「특성형용사」: 사물 · 인간 · 사건의 특성을 가리킨다.

(a) 「구체형용사」: 사물 · 인간 · 사건의 오감(五感)으로 파악하는 특성
　　(색) あかい · しろい · くろい · きいろい
　　(형태) まるい · しかくい · ひらたい, たいらな · なめらかな · でこぼこな · すべすべの · つるつるした, ゆるやかな
　　(길이) ながい · みじかい
　　(높이) たかい · ひくい
　　(굵기) ふとい · ほそい
　　(빠르기) はやい · おそい
　　(명암) あかるい · くらい · うすぐらい
　　(소리) けたたましい · かんだかい · にぎやかな · さわがしい · しずかな · かすかな
　　(냄새) くさい · こげくさい · かびくさい
　　(맛) あまい · からい · にがい · しぶい
　　(강도) かたい · やわらかい
　　(온도) 暑い · 寒い · 暖かい · 涼しい · 熱い · 冷たい · ぬるい
　　(무게) おもい · かるい

(b) 「추상형용사」: 사물 · 인간 · 사건의 추상화 · 일반화된 특성
　　(생리적) じょうぶな · けんこうな, 病弱な, たくましい, げんきな
　　(지적) りこうな, かしこい, 聡明な, ばかな, まぬけな

(성격) 優しい, まじめな, 素直な, 正直な, おとなしい, 謙虚な, つつましい, 控え目な, 几帳面な, のんきな, 気長な, 無口な, 大胆な, 勝ち気な, 内気な, 派手好きな, 強情な, がんこな, 意地っ張りな, 傲慢な, 短気な, がめつい, わがままな, そそっかしい, だらしない, 軽薄な, お喋りな
(성질) つよい・よわい, ・きれいな・ざつな・しめやかな・たかい・やすい

특성형용사에는 특정인지 불특정인지 불안정하기는 하지만, 어떤 「잣대」로 수량적으로 자리매김을 하는것・정도를 포함하는 것・평가를 포함하는 것 등이 있다.

・사회 또는 개인의 잣대로서의 수량적 자리매김
    たかい・ひくい, ふかい・あさい, ながい・みじかい, ひろい・せまい, おおきい・ちいさい, おもい・かるい, あつい・うすい, はやい・おそい, ふるい・あたらしい, たかい・やすい
・화자의 평가를 포함하는 것
    うまい・まずい, おいしい, じょうずな・へたな, うるさい, やかましい, くさい, つらい, いい・わるい

② 「상태형용사」: 사물・인간・사건등의 상태를 가리키며 항상적인 상태・일시적인 특성도 포함한다.
(a) 「내적감각을 나타내는 형용사」: 사물・인간・사건 등, 객체의 영향으로 주체가 의식한 상태
    (생리적 내적 감각) まぶしい・けむい・かゆい・いたい・くるしい・だるい・いきぐるしい・うるさい
    (감정・태도적 내적감각) うれしい・たのしい・かなしい・こいしい・おもしろい・愉快な・つまらない・いたわしい・いじらしい・けなげな・あわれな・きのどくな・てあらな・こわい・おそろしい・うらやましい・くやしい・すきな・いやな・きらいな・つらい・ほしい・いそがしい・きままな・さえない
    (주체가 생각하여 그린 잣대의 기준에서 위치지운 것) めずらしい, みょうな,

へんな, へんてこな, きみょうな, かわった, 異様な, 月並な, 平凡な, ふつうな

(사회・주체가 설정한 미적・도의적 기준으로부터 플러스・마이너스에 위치지운 것) うつくしい・きたない, きれいな, みっともない, よい・わるい

(b)「행동형용사」: 인간의 행동의 실현방식을 가리킨다.

まめまめしい, かいがいしい, 手厚い, なれなれしい, 人なつっこい

내적감각을 나타내는 형용사와 특성형용사와의 상이점을 살펴 보자.

① 내적감각을 나타내는 형용사가 술어가 되는 경우, 그 주어는 일반적으로 사람이다. 시제가 현재라면 1인칭이 많고, 그 대부분은 정동(情動)의 무드를 갖는다. 2・3인칭의 경우, <～のだ, ～のだろう> 등의 형이 되어, 정동이 아니라 사생・설명・서술의 무드를 나타낸다.

・おれは　さびしい。　　・かれは　うれしい。(부자연스러움)
・おれは　うれしいのだ。　　・かれは　うれしいのだ。(자연스러움)
・おれは　うれしかった。　　・かれは　うれしかったんだ。(자연스러움)

이 경우, 감각기관인 부분이 <～が>형으로 감각주체가 되어 복합술어적인 문의 부분이 되는 경우가 있다. 이 부분은 생략되어도 문의 의미는 실질적으로는 변하지 않는다.

・おれは	背中が	かゆい。
(서술되는 것의 제시)	(서술・종지	)
(감각의 동작주)	(감각주체인 기관)	(감각)

또한, 감각대상이 <～が>형으로 보어로서 나타나는 구조의 문도 있다. <～は～が～>와 비슷한 구조처럼 보이지만 다른 유형으로 기능구조・의미구조가 다르다.

・おれは　　　　　熱砂が　　　　痛かった。
(서술되는 것의 제시)　(보충)　　　(서술종지)
(성질의 주체)　　　(지각 대상)　(감각)

② 내적감각을 나타내는 형용사가 술어가 되는 경우, 그 보어는 보통 <～が>라는 형태의 명사이다.

・老婆は　　少年の　親切が　　うれしかった。
・和子は　　　　　ひろしが　　きらいだった。
・山田君は　　　　うどんが　　すきだ。

③ 특성형용사가 특성을 서술하는 문의 술어가 되는 경우라도 화자에 의한 평가라는 의미특징을 공유하는 형용사가 배치되면, 대상적인 내용의 의미적인 구조에 계층성이 인정되며, 평가구조의 유형을 나타내는 문을 만든다. <いい> <だめだ> 등도 이 구조를 만들 수 있다. 평가주체는 화자이다.

・イチゴは　　　　　うまい(おいしい・まずい・いい・だめだ)。
(서술되는 것의 제시)　　　(서술종지)
(성질의 주체)　　　　　　(성질)
(평가의 대상)　　　　　　(평가)

④ 기본적인 것은 <～がる>라는 접사를 붙여, 심리적 태도를 가리키는 파생동사를 만든다.

うれしがる・おもしろがる・こいしがる・ほしがる・いやがる……
・妹は　刻々変わる　雲の形を　おもしろがった。
・晩年の　父は　早くに　死に別れた　自分の　母を　こいしがった。

제3장 명사의 어형

1) 명사의 어휘 · 문법적 특징

명사는 기본적으로는 어휘·문법적으로 「사물(인간·생물·사물)」이다. 문안에서 동작주, 상태·특질의 주체를 나타낸다. 물체성을 갖는 「사건」명사를 파생하고, 문법적으로는 「서술되는 사항의 제시」「보완」을 기본으로 하며, 곡용체계를 갖는다.

2) 명사의 기본적 기능, 어순과 형태변화

명사는 「곡용」체계를 갖는다. 명사의 어형의 패러다임은 먼저, 주로 「어순」이 나타내는 문법적 기능별로 정리된다. 개괄하면, 다음 표의 연용기능과 연체기능하에서의 격의 의미이다.

(1) 연용격 (술어가 된 용언 앞에 배치되는 어형)

격	겸조		
	지정	대비	공존
이용격 nominative (제로격)	山 __ yama__	山 __は yama__wa	山 __も yama__mo
주격 agentive (が격)	山 __が yama__ga	山 __は yama__wa	山 __も yama__mo
대격 accusative (を격)	山 __を yama__wo	山 __は yama__wa	山 __も yama__mo
여격 dative (に격)	山 __に yama__ni	山 __に__は yama__ni__wa	山 __に__も yama__ni__mo
소재격 dative (に격)	山 __に yama__ni	山 __に__は yama__ni__wa	山 __に__も yama__ni__mo
방향격 aditative (へ격)	山 __へ yama__e	山 __へ__は yama__e__wa	山 __へ__も yama__e__mo
장소격 locative (で격)	山 __で yama__de	山 __で__は yama__de__wa	山 __で__も yama__de__mo
재료격 instrumental (で격)	山 __で yama__de	山 __で__は yama__de__wa	山 __で__も yama__de__mo
조격 instrumental (で격)	山 __で yama__de	山 __で__は yama__de__wa	山 __で__も yama__de__mo
공유격 comitative (と격)	山 __と yama__to	山 __と__は yama__to__wa	山 __と__も yama__to__mo
탈격 ablative (から격)	山 __から yama__kara	山 __から__は yama__kara__wa	山 __から__も yama__kara__mo
도달격 terminative (まで격)	山 __まで yama__made	山 __まで__は yama__made__wa	山 __まで__も yama__made__mo
한정격 limitative (までに격)	山 __まで__に yama__made__ni	山 __まで__に__は yama__made__ni__wa	山 __まで__に__も yama__made__ni__mo

(2) 연체격(문의 부분이 된 체언앞에 배치되는 어형)
- 소유격·주격(の격)　　　山 _の
- 행선지연체격(への격)　　山 _へ _の
- 장소연체격(での격)　　　山 _で _の
- 공유연체격(との격)　　　山 _と _の
- 탈연체격(からの격)　　　山 _から_の
- 도달연체격(までの격)　　山 _まで_の

(3) 병렬(다른 명사앞에 배치되어 병립을 의미하는 어형)
　　　　　やま_と　　うみ(_と)
　　　　　やま_や　　うみ(_や)
　　　　　やま_か　　うみ(_か)

3) 명사의 기본적 기능과 의미, 어순과 형태변화

명사의 문법적 의미를 변별하여 나타내는「곡용」의 기본에는 현실의 단편으로부터「사물」을 잘라내어 속성의 주체로서「서술되는 사항의 제시」를 하는 주어와 인식의 대상으로서「보완」하는 보어를 변별하여 나타내는 어형을 만든다. 또한,「곡용」체계에는 현실의 단편으로부터「사물」을 잘라내어 사물과의 관계와 속성과의 관련을「규정」하는 규정어와 사건의 존재의 장으로서의「(주변)상황」으로서의 상황어를 변별하여 나타내는 어형이 들어있다. 용언이라 해도 이 곡용의 어형을 취하면, 그 완고한 기능에 묶여 체언화가 일어난다. 여기에서 동사・형용사로부터의 파생명사가 만들어진다. 이들 어형은 항상, 술어앞에 배치되는 것으로, 패러다임을 가지고 있다.(참고문헌 3/4/5/19 참조)

・草原で　　　　馬が　　　人を のせ,　駆歩で　S字での　走行法の　訓練を　うけている。
　주변상황보완　서술・계속/제시　보완　　　보완　　규정　　　규정　　　　보완

또한, 술어가 되는 어형을 파생한다. 이 어형은 술어가 되는 형용사어형과 유사하며 활용체계를 가지고 있다.

公害だ。　　　汚染です。　　悲劇である。　　　夢ではなかった。

(1) 격

「격(case)」은 문과 연어구조안에서 명사의 다른 단어에 대해「서술되는 사항의 제시」,「보충」「규정」「상황」의 기능하에 사항(대상적 내용)을 충족하기 위한 관계의 차이를 변별하여 나타내는 문법범주이다.

제2부 단어의 어형체계 115

① 명사의 본질적 특성인 격

격(case)은 문안에서의 다른 언어와 연어와의 의미적 구조의 관계표시자(marker)로, 명사의 본질적인 특성이다. 이 표시가 일본어에서는 술어의 앞에 배치되는 어순하에서「격의 교착적인 접사(격조사)」를 붙이는 형태변화로 표현된다. 이 격변화와 더불어 화자가 그것을 대비하거나 공존하거나 병립하는 것으로도 표시한다.「강조」의 교착적인 접사를 붙인 형태변화로 표현되며 격변화에 조응하는 어형이다.「강조」에 대하여는 뒤에서 다루기로 한다.「격의 교착적인 접사를 붙이는 절차」는 명사의「격의 형태 구성」으로,「격의 의미」와 단순하게 1대1 대응을 이루는 것은 아니다. 격의 의미는 기본적으로는 명사의 다른 단어와의 어휘적인 의미간의 결합의 차이에따라 다르다.

복잡한 구조의 문이 구성되면서 격의 의미가 다양해지는 것과 평행적으로 격의 접사를 붙이는 절차는 어순과의 관계안에서 복잡하게 얽혀 있다. 격표현의 다른 절차로서「후치사」를 붙이는「격변화・격곡용의 절차」도 발달되어 있다. 뒤의 후치사 항목을 참조 바란다.(참고문헌 3/4/15/19/50-5 참조)

・民族間(で・において) 平和(を・について) 話し合う。

어순과 격조사를 붙이는 형태변화와 그것이 나타내는 이들 격의 기능과 의미의 정확한 규정은 앞으로의 과제이다. 거기에서는「연어론」의 성과를 무시할 수 없다.

・橋を 壊した。　橋を 作った。　　[대격, 사물성]
・橋を 通った。　橋を 歩いてきた。　[장소격, 장소성]

② 격의 의미·용법(예)

격의 의미(관계)는 어떤 명사가 어떤 형태로 어떤 단어와 조합되는 것으로 나타난다. 여기에서는 극히 일부를 예시하는데 그친다.(참고문헌 3/4/15/19/50-5 참조)

《연용적인 격의 용법(예)》

(a)「N_」형의 용법

- [독립·호출]　　　　　　　　さなえさん、ここにきてください。
- [N_が,N_を,N_への 대용]　　五郎、めし くったか。仕事 行ったか。
- [주위환경·시제]　　　　　　夜、妹は やっと 帰ってきた。
- [규정·수량]　　　　　　　　学生は 一部 欠席した。
- [병렬의 앞부분]　　　　　　赤、青、黄を色の三要素という。

(b)「N_が」형의 용법

- [서술되는 사항의 제시](동작·움직임주체)　　人が行く。くもが虫を網にかけた。
- [서술되는 사항의 제시](상태, 성질주체)　　　街灯が暗かった。私が委員です。
- [서술되는 사항의 제시](부분측면주체)　　　　宏は足がしびれた。手が冷たい。
- [서술되는 사항의 제시](내재·특성주체)　　　ばらは刺がある。甘味があった。
- [서술되는 사항의 제시](상태주체·평가대상)　ばらが美しい。渋柿が不味い。
- [보충]　　　　　　　　(감정과 능력의 대상)　金がほしい。姉は英語ができる。

제2부 단어의 어형체계 117

(c) [N_를]형의 용법

- [보완·대상] (영향·사물)   母は手紙を破った。弟は箱を作った。
                (영향·인간)   母は父を追い出した。友達を笑わせた。
                (영향·사건)   火を消した。風を送った。光をあてた。
                (영향·속성)   騒ぎを静めた。性格を変える。
                (수수·권리)   土地を売る。家をもつ。
                (지각)   動きを眺めた。茶を味わう。
                (사고)   将来を考える。長所を確かめる。
                (발견)   峠に茶屋を見つける。異臭を嗅ぎつける。
                (태도·지적)   仕事をあまく見る。就職を堕落とみなす。
                (태도·감성)   戦争を憎む。酒を好んだ。反乱を恐れた。
                (태도·활동)   大阪城をせめた。恩師を訪ねた。
- [보완·장소] (이동의 공간) 鉄橋を渡った。休みに中仙道を尋ねた。
                (상황)   父は七時に家を出た。穴を抜け出した。
- [추상동사의 실질내용]   掃除をする。掃除を始める。掃除を終る。被害をうける。変な顔をする。

(d)「N_に」형의 용법

- [보완]   (제2대상)   手に油がつく。酒に味醂を混ぜる。
                (상대)   友達に逢う。父に小遣いを貰う。貧乏を子供に話す。
                (태도)   遊びに夢中だ。原案に賛成する。横暴に逆らう。
                (비교기준)   店は駅に近い。姉は父に似ている。
                (내용)   雲が魚に見えた。汽笛が人声に聞こえる。
                (수단)   かざした手に光を遮り、
- [상황]   (소재)   庭に梅の木がある。鮎は川にすむ。ごみは街に多い。水面に陽が輝く。歌に時代をみる。君には友人がいる。弟には能力がある。川面に湯気が出る。大空に消える。
                (행선지)   あす海に行く。正月は故郷に帰る。
                (목적)   買物にでかける。食事に帰る。お使いに行く。
- [환경]   (시간상황)   六時に起きた。今日中に提出する。
                (원인)   高い熱に苦しむ。絵の色に驚く。雨に濡れる。
                (결과)   人参をもみじに切る。帯を蝶矢に結ぶ。干物に作る。
- [규정]   (모습)   斜めに這う。歩を早めに運ぶ。
                (자격)   妹をおとりに使う。おかまを案内嬢に雇う。
- [병렬]   朝ご飯は干物に海苔におみおつけ。
- [보조적 단어와의 조합]
                              卵が　ひよこになる。和子さんを嫁にする。
                              あの男が　犯人にちがいない。
                              政治について語る。(~にとって、~において、~によって、~にたいして、~にそって、~にからめて、)

(e) 「N_へ」형의 용법

·[보완][상황]	(행선지)	四国へ行く。学校へ帰る。
	(방향)	左へ走れ。南へ二キロ進む。
·[보완]	(상대)	質問は係へどうぞ。税務署へ納めた。
·[상황]	(장소)	姿ははるか彼方へ消えていった。

(f) 「N_で」형의 용법

·[상황]	(장소)	秀吉は天王山で戦った。裏で物音がする。
	(원인)	友人が肺炎で死んだ。強風で木が折れた。
	(재료, 원료)	糸で布を織る。芋で飴玉を作る。
·[보완]	(도구)	ナイフで紐を切る。帽子で蝶を取る。
	(수단)	(絵をペンで描く。自転車で通う。)
	(판단재료)	服装で判る。上書きで感づく。
	(모습)	裸足で歩く。裸で寝ている。
·[규정]	(방법)	月賦で買う。話し合いで決める。
	(양)	一日で直す。百円で買う。

(g) 「N_と」형의 용법

·[보완]	(동료)	二郎は裕子と勉強した。彼と映画を見た
	(상대)	二郎は裕子と結婚した。船と衝突した
	(비교기준)	妹は母とそっくりだ。給料と同じだ。
	(내용, 결과)	母と認めなかった。重さを十トンとみた。
·[보조적 단어와의 조합]		やがて 冬となった。かりに 十才とする。
		(〜とともに, 〜とちがって, 〜として)

(h) 「N_から」형의 용법

·[보완][상황]	(장소)	里から帰る。魚を川から釣る。魚を橋から釣る
	(경유점)	入り口から出ていった。隙間から虫が入る。
	(시작장소, 시간)	横浜から早くなる。八時から売出しだ。
		水面から湯気が立つ。峠から下りだよ。

제2부 단어의 어형체계 119

- [보완]　　　(원료, 구성요소)　染料は石油から作る。分子は原子からできる。
　　　　　　　(대상)　　　　　　蜂は花から蜜をすう。六から二を引く。
　　　　　　　(상대)　　　　　　それは母からきいた。米を男から買う。
　　　　　　　(출처)　　　　　　噂は妹から出た。君から伝えてくれ。
- [상황]　　　(원인)　　　　　　誤解から離婚した。不注意から失敗した。
　　　　　　　(순서, 방향)　　　三年生から出る。右からぶつかる。
　　　　　　　(근거)　　　　　　この手紙から苦しさが判る。

(i) 「N_まで」형의 용법

- [보완][상황]　(장소)　　海まで走る。市場まで買物に行く。家まで送る
- [상황]　　　　(범위)　　川まで一キロある。八時まで寝た。
- [보완]　　　　(상대)　　用紙は記入後係まで届け出ること。

(j) 「N_までに」형의 용법

- [상황]　　　(범위의 장소)　駅までに本屋はあるよ。
　　　　　　　(범위의 시간)　五時までに片付けてください。

《연체적용법의 경우》　　　　　　　(参考文献　5-6　참조)

(a) 「N_の」형의 용법

- [규정]　　　(관계・전체와 부분측면)　茶腕の蓋, 虎の爪, 倉庫の壁, 手の形,
　　　　　　　(관계・주체)　　弟の靴, 叔父の別荘,
　　　　　　　(관계・만든이)　ピカソのゲルニカ, ロダンの考える人,
　　　　　　　(관계・우두머리)　次郎長の清水一家, ヒットラーのナチ党
　　　　　　　(관계・멤버)　　弟の班, 父の会社, 母のサークル,
　　　　　　　(관계・상대)　　宮田の恋人, 三郎の母, 弟の先生, 学校の向い,
　　　　　　　(관계・소속)　　会社の守衛, 党の委員長, 監獄の看守
　　　　　　　(관계・속성주체)　牛の泳ぎ, 親父の説教, 一郎の将来, 森の穏や
　　　　　　　　　　　　　　　　かさ, 山の静かさ, 母の優しさ,
　　　　　　　(관계・대상)　　米の生産, 喫煙の禁止, 自由の欲求, 子供の可愛さ
　　　　　　　　　　　　　　　老人の看護, 赤ん坊の子守, 林檎の食い方, 茸のとり方
　　　　　　　(관계・내용)　　みかんの箱, 薬の袋, 酒の樽, ジュースのビン
　　　　　　　(관계・복합)　　マチスの花の絵, 山の写真, 甚五郎の眠り猫の彫刻

(속성・모습특징) 土色の壁, 太めの柱, 保証付きの品
(속성・부분특징) 片手の鍋, 長髪の青年, ひげの顔, 情熱の人
　　　　　　　立て膝の女, 腕組みの男, 向う鉢巻きのお兄さん
(속성・성질특징) 酒の甘さ, 狐のずるさ, いるかの習性
(속성・재질) 銀の燭台, 木の匙, ガラスの繊維, ビニールの袋
(속성・출신경력) 中国製の服, 大学出の先生, 東洋の哲学
(속성・종류신분) 花のカンナ, 犬のクマ, 女の先生,
　　　　　　　辯護士の兄, 医者の父, 女房の小春, 律義者の祖父
(속성・용도) 縫い物の, テンプラの油, 子供の帽子, 火傷の薬,
(속성・용도부분) ドアーの把手, 時計の針, ビンのセン,
(속성・직종) 数学の教師, 学校の経営者, 政治の研究者,
(상황・장소조직) 鎌倉の大仏, 山間の一軒家, 大蔵省の役人,
(상황・산지출신) 慶応の卒業生, 讃岐のうどん, ドイツの車,
(상황・이동장소) 東北の旅, 駅の往復, トンネルの通過,
(상황・시간) 三時のおやつ, 昨日の手紙, 当時の生活, 明治の男,
(상황・원인) 作業の疲れ, 風の被害, 事故の後遺症, 戦争の傷跡,
(상황・목적) 試験の勉強, 旅行の積立金, 出発の合図,
(내용・말) 修理の約束, 反対の声明, 花粉の話,
(내용・작품) 踊り子の絵, 藤村の伝記, からたちの歌,
(내용・감각감정) 痛さの感覚, 怒りの気持ち, 夢現つの意識
(내용・사고의식) 差別の思想, 就職の決意, 旅行の計画,
(구체화・내용규정) 三角形の形, 袋詰めの作業, 自由化の波
(양) 一台の車, 二枚の申込書, 三回のお礼参り

(b) 「N_への」형의 용법

・[규정]　　　(상대) 社員への指示, 政府への寄付行為, 子供への送金
　　　　　　　娘への手紙, 生産者への通知, 女への贈り物
　　　　　　(대상) 祖国への愛, 犯人への憎しみ, 経営への批判
　　　　　　　経営への介入, 社会主義政治への関心, 母への復習
　　　　　　(공간) 九州への旅, 四国への旅行者, 頂上への道
　　　　　　(목적) 解読への道, 回復への努力,

(c) 「N_での」형의 용법

・[규정]　　　(공간) 浜辺での競争, 海上での事故
　　　　　　(상황) 式での祝辞, 地域での活動
　　　　　　(수단) パソコンでの通信, 手話での会話
　　　　　　(양태) 裸での昼寝, 大声での演説

제 2 부 단어의 어형체계 121

(d) 「N_との」형의 용법

· [규정]　　　　(상대) 貴族との戦い, 母との約束
　　　　　　　　(동료) 住民との対話, 実の親との離別
　　　　　　　　(재료) しめじとのまぜご飯, 豚肉との組合せ
　　　　　　　　(사람의 모습) 姉との体重の差, 父との考えの食違い

(e) 「N_からの」형의 용법

· [규정]　　　　(출발점) 青森からの夜行, 中国からの旅人
　　　　　　　　(제공자) 友人からの贈り物, 恩師からの戒め
　　　　　　　　(동작의 기점) 橋からの釣り, 岸からの救助活動
　　　　　　　　(시작의 경계) 峠からのだらだら坂, 橋からの距離
　　　　　　　　(대상) 本体からのとりはずし, 電柱からの剥がし取り
　　　　　　　　(동작의 기점) 九時からの抗議, 正午からの休憩
　　　　　　　　(상대) 母からの手紙, 質屋からの借り物
　　　　　　　　(원인) 過労からの死亡, 緊張からの肩こり

(f) 「N_までの」형의 용법

· [규정]　　　　(행선지) 四国までの旅, 北京までの運賃,
　　　　　　　　(범위) 月までの遠さ, 道路までの敷石,
　　　　　　　　(동작, 상태의 시작, 끝점) 四時までの仕事, 去年までの事業,
　　　　　　　　(모습) 眉毛までの前髪, 膝までの靴下

(2) 강조와 지정

　명사도 「강조」의 어형이 발달되어 있다. 강조는 문의 대상적인 내용의 일부를 화자가 다른 것과 대조시키는 문법적 기능하에 다양한 의미를 규정하는 문법적 의미의 변별적표현이다.

① 강조

　　강조란 화자에 의해 문중에서의 대상적인 내용의 일부가 다른 것과 대조되어 다양한 의미규정이 이루어지는 표현법이다. 이 표현의 절차는 주로 「강조의 조사」의 교착이다. 강조를 나타내는 조사는 <は・も・こそ・さえ・しか・でも・すら・なんて・まで> 등의 계조사 계열과 <くらい・だけ・ばかり・など・なんか・ほど> 등의 부조사 계열이 있다.

・兄は　山には　行った。　姉も　山には　行った。　弟は　山にも　行った。
・妹は　外にさえ　出ない。　兄こそ　妹を　甘やかす。弟は　主に　海に　行った。
・兄だけが　外に　出た。　兄は　本などを　買った。弟ほど　間抜けは　いない。
・妹なんて　勉強なんか　しない。　弟だって　掃除くらい　やりますよ。

격	강조				
	지정	대비	공존		
이름격	_	_は	_も	……	……
주격	_が	_は	_も	……	……
대격	_を	_は	_も	……	……
여격	_に	_に_は	_に_も	……	……
소재격	_に	_に_は	_に_も	……	……
방향격	_へ	_へ_は	_へ_も	……	……
장소격	_で	_で_は	_で_も	……	……
재료격	_で	_で_は	_で_も	……	……
조격	_で	_で_は	_で_も	……	……
공유격	_と	_と_は	_と_も	……	……
탈격	_から	_から_は	_から_も	……	……
도달격	_まで	_まで_は	_まで_も	……	……
한정격	_まで_に	_まで_に_は	_まで_に_も	……	……

(소유격・주인격)	_の		_も_の	……	……
행선지연체격	_への		_も_への	……	……
장소연체격	_での		_も_での	……	……
동료연체격	_との		_も_との	……	……
탈연체격	_からの		_も_からの	……	……
도달연체격	_までの		_も_までの	……	……

② 강조의 기본적 의미・용법

(a) 「～は」의 용법(예시)

- [화제 중점]　　・板橋校舎では　五時に　冷暖房が　きれる。
- [다른것과의 구별]　・俺は　あいつと　駅までは　一緒だった。
- [화제대립]　　　・兄は　やさしいが、弟は　乱暴だ。

(b) 「～も」의 용법

- [동류 특정]　・きのうは　私も　休みました。
- [강조 표현]　・議員たちには　罪の　意識の　かけらも　見えない。
- [개략 제시]　・あと　ひと月も　たてば、春が　くるね。
- [전부 제시]　・あの時は　だれもが　疑いを　持たなかったんだ。

(c) 「～こそ」의 용법

- [강조 표현]　・稲村議員こそ　納税感覚に　欠ける。

(d) 「～さえ」의 용법

- [특정예 강조]　・庶民は　川虫をさえ　蛋白源にした。

(e) 「～しか」의 용법

- [다른 것을 부정하는 특정]　・魚は　焼き魚しか　食べられません。

(f) 「～まで」의 용법

- [극단적인 예시 강조]　・親まで　彼を　見離した。

(g) 「〜すら」의 용법

・[극단적인 예시 강조] ・親類すら 彼には 取りあわなかった。

(h) 「〜でも」의 용법

・[동류예 강조] ・免許は ぼくにでも 取れたんだよ。
・[가벼운 예 제시] ・海にでも 行ってみないか。

(i) 「〜くらい」의 용법

・[개략적인 양 제시] ・羊が 百頭くらい いた。
・[경시의 예 제시] ・サッカーくらい おやりなさいよ。

(j) 「〜だけ」의 용법

・[특정 한정] ・金だけ 出せば、許してやろう。

(k) 「〜ばかり」의 용법

・[범위 한정] ・あの業者ばかり 使っていたね。
・[개략적인 양 제시] ・羊が 百頭ばかり いた。

(l) 「〜のみ」의 용법

・[범위 한정] ・あの 業者のみを 使っていた。

(m) 「〜など・なんか」의 용법

・[예시] ・ポスターなどは 電柱に 張りつけて あった。
・[가벼운 예 제시] ・海になんか 行かないよ。

③ 격과 강조의 복합된 형태변화

명사의 격조사와 강조조사가 복합한 절차를 나타내 보자. 이들의 기능과 의미의 구별에 대하여는 앞으로의 과제로 삼는다. (참고문헌3 참조)

- 격조사(格助辭)와 강조조사와의 결합유무와 그 순서에는 차이가 있다.
- 계조사(係助辭) 연용의 격조사뒤에 붙는다. 하지만, 연체의 격조사 뒤에는 붙지 않는다.
- 부조사(副助辭)는 어떤 격조사에도 붙으며, 앞 뒤 모두 붙는다.

격	「계조사 유형」			「부조사 유형」		
~	~は	~も ~こそ	~さえ・しか ~でも・すら	~だけ (ばかり・なんか・)	~など	~まで
~が	~は	~も	~さえ	~だけ ~だけが	~など ~などが	~まで ~までが
~を	~は	~も ~をも	~さえ ~をさえ	~だけ ~をだけ・だけを	~など ~をなど・などを	~まで ~をまで・までを
~に	~には	~にも	~にさえ	~にだけ・だけに	~になど・などに	~にまで・までに
~へ	~へは	~へも	~へさえ	~へだけ・だけへ	~へなど・などへ	~へまで・までへ
~で	~では	~でも	~でさえ	~でだけ・だけで	~でなど・などで	~でまで・までで
~と	~とは	~とも	~とさえ	~とだけ・だけと	~となど・などと	~とまで・までと
~から	~からは	~からも	~からさえ	~からだけ・だけから	~からなど・などから	~からまで・までから
~まで	~までは	~までも	~までさえ	~までだけ・だけまで	~までなど・などまで	
~の ~への ~での ~との ~からの ~までの				~だけの ~へだけの・だけへの ~でだけの・だけでの ~とだけの・だけとの ~からだけの・だけからの ~までだけの・だけまでの	~などの ~へなどの・などへの ~でなどの・などでの ~となどの・などをの ~からなどの・などからの ~までなどの・などまでの	~までの ~へまでの・までへの ~でまでの・まででの ~とまでの・までとの ~からまでの・までからの

④ 주어의 지정

(a) 술어의 품사에 의한 지정

[명사술어] ・父は裁判官でした。 ・屋根はトタンだった。
[형용사술어] ・この林檎はかたい。 ・地球は青かった。
[동사술어] ・枯葉が落ちた。   ・救急車が走った。

(b) 대상적 내용의 유형에 의한 지정

[사건]	・落葉が舞った。	・車がぶつかった。	・夕日が赤い。
[성질]	・鉄はかたい。	・妹はほがらかだ。	・夕日は赤い。
	・ガラスは割れる。	・冬の外房では北風の日によく釣れる。	

(c) 테마・레마에 의한 지정

[전체가 레마]	・むかし昔、お爺さんとお婆さんが　ありました。
[주어가 테마]	・お爺さんは　山へ芝刈りに行きました。お婆さんは川へ洗濯に行きました。
[주어가 레마]	・(お婆さんが洗濯していると、)桃が　流れてきました。
[주어이외가 테마]	・みかんは　妹が食べた。
	・一両目には　客が　いなかった。
	・教室では　学生がみな席についていた。
	・駅からは　そう遠くない
	・学校までは　歩いていく。
	・あの店へは　行ったことがない。

(3) 병렬

명사도 「병렬」의 어형이 발달되어 있다. 병렬은 문의 대상적인 내용의 일부를 다른 것과 늘어놓는 문법적 기능하에 다양한 의미규정을 하는 문법적 의미이다. 병렬이란 문안에서의 단어와 연어등, 대상적인 내용을 구성하는 부분을 다른 부분과 늘어놓아 동일문의 부분으로 만드는 문법적 기능으로 다른 부분앞에 배치되는 어순하에 「병렬의 격조사」를 붙인 형태변화로 표현된다. 이 어형으로 병렬방식의 차이를 변별하여 나타낸다.

(a)	「_と_と」의 용법	・「하나하나의 열거」	本と	帽子と	傘と
(b)	「_や_や」의 용법	・「해당되는 것의 열거」	本や	帽子や	傘や
(c)	「_やら_やら」의 용법	・「해당되는 것의 예시」	本やら	帽子やら	傘やら
(d)	「_か_か」의 용법	・「택일할 것의 열거」	本か	帽子か	傘か
(e)	「_なり_なり」의 용법	・「선택가능한 것의 열거」	本なり	帽子なり	傘なり

(f) 「_とか_とか」의 용법 ・「선택가능한 것의 예시」 本とか　帽子とか　傘とか
(g) 「_だの_だの」의 용법 ・「해당하는 것의 예시」 本だの　帽子だの　傘だの
(h) 「_に_に」의 용법 ・「누가되는 것의 열거」 本に　帽子に　傘に
(i) 「_にも_にも」의 용법 ・「누가되는 것의 예시」 本にも　帽子にも　傘にも

・姉と兄とは　山に　行きました。　　・弟や妹は　海と山とに　行った。
・鋤やら鍬やら　古い　農具が　ある。　・実施か中止か　決めましょう。
・切手なりはがきなり　用意しなさい。　・手紙とか電話とか　すべきだったよ。
・敷金だの礼金だの　ずいぶん　かかる。・卵に海苔におみおつけが　でたよ。
・弟は　山にも海にも　行きました。　　・妹は　外か上かで　遊んでいる。

4) 명사의 부차적 기능과 의미, 어순과 형태변화

명사도 단문의 술어와 복문에 있어서의 종지부분=문의 술어가 된다. 따라서, 동사와 형용사의 술어가 되는 경우에 유사한 어형체계를 갖는다.

(1) 명사의 「종지형」의 활용

「종지형」은 「서술·종지」의 문법적 기능하에 문법적 의미를 변별하여 나타내는 형태변화의 활용체계가 발달되어 있다.

문법적 기능	문법적 의미			파생적 어형의 단위(1)			
	무드		시제	보통		정중	
				긍정	부정	긍정	부정
서술·종지 (명사)	사실		비과거	本だ	本で(は)ない	本です	本で(は)ありません
			과거	本だった	本で(は)なかった	本でした	本で(は)ありませんでした
	비현실	추량	비과거	本だろう	本で(は)ないだろう	本でしょう	本で(は)ないでしょう
			과거	本っただろう	本で(は)なかっただろう	本だったでしょう	本で(は)なかったでしょう
		판단	비과거	本のはずだ	本で(は)ないはずだ	本のはずでしょう	本で(は)ないはずでしょう
			과거	本だったはずだ	本ではなかったはずだ	本だったはずです	本ではなかったはずです
	욕구	희망	1인칭	※	※	※	※
			2,3인칭	※	※	※	※
		의지	1인칭	※	※	※	※
	청유			※	※	※	※
	전달		비과거	本だそうだ	本で(は)ないそうだ	本だそうです	本で(は)ないそうです
			과거	本だったそうだ	本ではなかったそうだ	本だったそうです	本ではなかったそうです
	의문	사실	비과거	本か	本ではないか	本ですか	本ではないですか
			과거	本だったか	本ではなかったか	本だったですか	本ではなかったですか
		비현실	추량 비과거	本だろうか	本ではないだろうか	本でしょうか	本ではないでしょうか
			과거	本だっただろうか	本ではなかっただろうか	本だったでしょうか	本ではなかったでしょうか
			판단 비과거	本のはずか	本ではないはずか	本のはずですか	本ではないはずですか
			과거	本だったはずか	本ではなかったはずか	本だったはずですか	本ではなかったはずですか

이 어형의 패러다임은 동사보다 형용사에 가깝다. 문말에 위치하는 어순하에 모달리티·템포랄리티등의 문법적 의미의 차이를 변별하여 나타

내는 패러다임이 발달되어 있지만, 「기원」과 「권유」의 무드는 없다. 또한, 「태·상·수수·의도」 등의 단어구성의 절차(수단)도 없다.

(2) 명사의 「접속형」의 활용

「접속형」이라 불리는 어형은 「서술·계속」의 문법적 기능의 하위에 「병렬」, 「종속」, 「복합」 등의 문법적 기능을 분화시켜 그 아래에서 문법적 의미를 변별하여 나타내는 형태변화의 체계가 발달되어 있다.

문법적 기능	문법적 의미		파생적 어형의 단위(2)			
			보통		정중	
	무드	시제	긍정	부정	긍정	부정
종속형	사실 비과거		本なので	本ではないので	本ですので	本ではありませんので
	사실 과거		本だったので	本ではなかったので	本だったですので	本ではなかったですので
	비사실 추량 비과거		本だろうから	本ではないだろうから	本でしょうから	本ではないでしょうから
	비사실 추량 과거		本だっただろうから	本ではなかっただろうから	本でしたなかっただろうか	本だったでしょうから
	비사실 판단 비과거		本のはずだから	本ではないはずだから	本のはずですから	本ではないはずですから
	비사실 판단 과거		本だったはずだから	本でなかったはずだから	本だったはずですから	本ではなかったはずですから
	욕구소망 희구 1인칭		※	※	※	※
		망 2,3인칭	※	※	※	※
	의지 1인칭		※	※	※	※
	청유		※	※	※	※
서술 중지	전달 비과거		本だそうだから	本ではないそうだから	本だそうですから	本ではないそうですから
	전달 과거		本だったそうだから	本でなかったそうだから	本だったそうですから	本ではなかったそうですから
병렬 평서	사실 비과거		本だし	本ではないし	本ですし	本ではないですし
	사실 과거		本だったし	本ではなかったし	本だったですし	本ではなかったですし
	비사실 추량 비과거		本だろうし	本ではないだろうし	本でしょうし	本ではないでしょうし
	비사실 추량 과거		本だっただろうし	本ではなかっただろうし	本だったでしょうし	本ではなかったでしょうし
	비사실 판단 비과거		本のはずだし	本ではないはずだし	本のはずですし	本ではないはずですし
	비사실 판단 과거		本だったはずだし	本ではなかったはずだし	本だったはずですし	本ではなかったはずですし
	욕구소망 희구 1인칭		※	※	※	※
		망 2,3인칭	※	※	※	※
	의지 1인칭		※	※	※	※
	청유		※	※	※	※
	전달 비과거		本だそうだし	本ではないそうだし	本だそうですし	本ではないですし
	전달 과거		本だったそうだし	本ではなかったそうだし	本だったそうですし	本ではなかったですし

이 어순하에서의 형태변화는 모달리티·템포랄리티등의 문법적 의미의

정도를 변별하여 나타내는 계열을 발달시키고 있다. 하지만, 종지형만큼 풍부하지는 않다. 또한, 「기원」「권유」의 형태와 「태·상·수수·의도」 등의 단어구성의 수속도 없고 형용사와 비슷하다. 문법적 기능 및 의미의 정도에 의한 어순과 형태변화와의 모든 표시는 불가능에 가까울 정도로 많다. 여기에서는 기본적인 일부 예만을 예시한다.

(3) 명사술어의 문법적 의미

명사가 「술어」가 되는 경우, 몇 개인가의 의미적유형이 있다.

① 속성의 규정

(a) 성질
  ⓐ 특질 ・仙台は都市だ。 ・太郎は課長だ。 ・ＰＣ－９８はＮＥＣだ。
         ・宏は薬常習者だ。 ・和子は幸せ者だ。 ・手紙は案内だった。
         ・余震は９回だ。   ・欠席は病気だった。
  ⓑ 특성 ・内側は茶色だ。   ・癌は悪性だ。   ・下宿は局の前だ。
         ・値段は二万円だ。 ・社長は友人だ。   ・私は賛成だ。
(b) 상태 ・俺は結核だ。   ・彼は牧師だった。 ・女は裸足だ。
(c) 운동 ・父は先刻到着だ。 ・報告はやり直しだ。・朝から井戸堀りだ。

② 화제의 특정(「역전(逆転)구조에서)

(d) 속성의 주체   ・悪いのは小沢だ。 ・淋しいのは小沢だ。 ・来たのは小沢だ。
(e) 그 주체이외의 것 ・釣ったのは鮫だ。 ・逢ったのは函館だ。 ・家出は三回目だ。

③ 등가(等価)의 특정

・鈴掛けはプラタナスだ。 ・小沢はこの人だ(この人が小沢だ)。

5) 전성된 파생명사

명사는 기본적으로 문안에서「서술되는 사항의 제시」,「보완」이라는 기능을 분담한다. 이에 대응하여 그 어휘적 의미는 기본적으로「사물」이 요구된다. 이 위치에는 기본적으로 구체적인 사물을 가리키는 명사가 배치된다.

문을 구성할 필요성에서 사물이 아닌 움직임·사건·상태·성질 등을 가리키는 단어를「서술되는 사항의 제시」와「보완」으로서 기능하게 하는 일이 있다. 이 경우, 이 기본적인 구조 중, 동사·형용사·사건을 나타내는 연어 등을 배치하게 된다. 거기에서는 대응의 기본적구조의 기능에 매여, 움직임·사건·상태·성질등을「사물화·실체화」하려는 요구가 작용한다. 동사·형용사·사건을 나타내는 연어등을 체언화하려는 간섭이 발생하는 것을 말해준다.

용언을 체언상당으로 만드는 <～の>의 교착이라는「준체언의 절차」도 이 제약을 받기 위한 것이다. 거기에서는 동사·형용사·사건을 나타내는 연어 등은 그 의미에 무언가의 변화를 나타내게 된다.

좀더 진행된 경우는「사물성·실체성」을 획득한 동작명사·현상명사·추상명사등이 만들어진다. 품사의 전성이 일어나고 당연히, 문법적으로도「사물성·실체성」이 부여된다.

·木が 浮く。　·よく 浮くのが 先に 浮く。　·浮きが 浮く。
·車が 動く。　·車の 動くのが よく 見える。　·動きが 悪い。

이렇게, 대응의 기본적구조의 기능에 맞추어 전성명사가 만들어지고 체언은 다양한 어휘·문법적 계층을 발달시킨다. 나아가, 이들 명사가「규정·주변상황·서술」이라는 기능을 분담한다. 이 경우, 당연히 그 어휘적 의미는 문법적「사물성·실체성」을 잃어가고 성질과 상태 등,「속성성」을 부여받게 된다. 다른 어휘적인 의미를 획득하여 다른 품사로 전성하기도 한다.

· 金丸さんは　派閥政治の　王様だった。　　· 昨年　叔父は　健康だった。
· この包丁は　医者の　メスには　できない。　· 時計の　針が　落ちている。

이 문제를 밝히는데는「문의 구조론」「연어론」「어휘론」을 무시할 수 없다. 특히 그곳에서 다루어지는 명사의 어휘·문법적 계열에 주목해야한다.

6) 명사의 어휘·문법적 계열(예)

(1) 보통명사

① 구체명사
 (a) 사물명사
  ⓐ 자연물

[물질]	土 砂 石 岩 水　　鉄 銀 銅 湯	[광물]
[천체]	日 月 星 地球	[별]
[동물]	犬 猫 牛 馬 豚 猪 狸 狐 鹿 熊 虎 象	[짐승]
	鶏 鳩 鷹 雀 燕 鴨	[새]
	鯉 鮒 金魚 めだか 鮫 ぼら いわし うつぼ	[물고기]
	蝶 蚊 とんぼ あぶ かまきり 蛾 蚤	[벌레]
	足 頭 目 へそ 骨 毛 胃 腸 血 汗 涙	[부분]
[식물]	菊 たんぽぽ かや 麦 稲 とうもろこし 苔	[풀]
	桜 松 杉 桧 ぶな もみ 竹	[나무]
	根 幹 葉 芽 花	[부분]

  ⓑ 생산물

[식물]	米 麦 豆 粟 そば	[곡물]
	いも なす きゅうり 大根 ごぼう	[야채]
	もも みかん なし りんご ぶどう	[과일]
	塩 砂糖 しょうゆ みそ ソース 酢	[조미료]
	ひき肉 ハム ソーセージ 牛肉 豚肉 鳥肉	[식육]
	鮎 鮭 鱒 鯛 平目 鰤 鰻	[생선]
[요리]	ごはん パン うどん そば ぞうすい	[주식]
	煮物 焼き魚 さしみ てんぷら サラダ	[부식]
	お茶 ジュース コーヒ ビール 酒	[음료수]
	せんべい ようかん まんじゅう だんご	[과자]
[재료]	紙 布 ガラス ビニール プラスチック	[재질]
[도구]	皿 茶碗 箸 鍋 釜 やかん	[식기]

冷蔵庫　洗濯機　掃除機　ミシン　テレビ　時計　針
カメラ　こたつ　つくえ　たんす　いす　本棚　　　　[가구]
箱　袋　ふろしき　かばん　財布　ザック　　　　　　[용기]
筆　鉛筆　ペン　ノート　定規　コンパス　　　　　　[필기구]
かんな　のこ　鎌　かなづち　のみ　　　　　　　　　[연장]
笛　太鼓　鐘　ピアノ　ギター　　　　　　　　　　　[악기]
着物　服　シャツ　足袋　ぼうし　靴　げた　指わ　　[의상]
口紅　おしろい　めぐすり　くすり　石鹸　洗剤　　　[의약화장품]
家　小屋　ビル　やね　柱　床　玄関　台所　　　　　[건물]
橋　塔　石垣　堤　道路　ダム　堤防　城　　　　　　[건축물]
くるま　自転車　自動車　電車　舟　飛行機　　　　　[탈것]
刀　槍　かぶと　鉄砲　爆弾　戦車　軍艦　戦闘機　　[무기]

(b) 사람명사

　　　　　　おとこ　おんな　男性　女性　　　　　　　　　[성별]
　　　　　　赤ちゃん　子供　少女　青年　大人　老人　　　[연령별]
　　　　　　父　母　妻　夫　姉　弟　親　子　息子　孫　　[혈족]
　　　　　　友達　友人　恋人　客　金持ち　恩師　　　　　[관계]
　　　　　　農民　漁師　商店主　役人　労働者　看護婦　教師　[직업]
　　　　　　作者　運転手　すり　読み手　　　　　　　　　[동작주]
　　　　　　ちび　やせ　よっぱらい　病人　　　　　　　　[주체]
　　　　　　しろうと　大物　働き者　篤志家　怠けもの　　[평가]
　　　　　　会社　学校　公団　法人　村　県　国　国連　団体　[조직]

② 공간명사　山　川　沼　湖　海　湾　島　野　林　森　大陸　草原　[자연]
　　　　　　運動場　公園　広場　港　玄関　裏庭　公海　屋上　　[장소]

③ 시간명사　夏　秋　朝　夜　3年　6時　土用　日曜　　　　[시간]
　　　　　　今日　先月　昨年　今世紀　きのう　未来　昔　休暇　[시각]

④ 현상명사
　(a) 자연현상　雨　風　雷　地震　おお水　山火事　光　音　火　味
　(b) 사회현상　祭　葬式　冠婚葬祭　大会　総会　行事　旅　騒乱

⑤ 속성명사
  (a) 동작명사 掃除 水泳 貼付 上昇 製作 行動 競争 読書 作用 [운동]
  (b) 변화명사 死亡 乾燥 消滅 酸化 膨張 腐食 沸騰 汚染 結晶 [변화]
  (c) 상태명사 混雑 貧乏 好況 傾向 事情 調子 異常 具合 有様 [상태]
  (d) 특성명사 青 白 美 善 真 長所 寒さ 広さ 厚み 特徴 [성질]
  (e) 심리명사 欲 心配 意識 感覚 感情 意志 記憶 驚き 喜び [정신]
  (f) 언어명사 話 歌 手紙 会話 詩 俳句 小説 法律 うわさ [언어]
⑥ 관계명사
  (a) 사건・사물간의 관계 原因 条件 きっかけ 結果 相似 差異
  (b) 사회적관계   親子 いとこ 親戚 仲間 味方 敵
  (c) 공간・시간적관계   上下 前後 横 右左 向かい 裏表 隣
                          はじめ 最後 同時 前 途中

(2) **고유명사**   和子 宏 ポチ 板橋区 香川県 スイス 富士山 ひかり号

(3) **수사**   一つ 二冊 三匹 五本 九日 十円 百キロ 千トン 三万光年

(4) **대명사**   (1인칭・자칭)(2인칭・대칭)(3인칭・타칭) (의문칭)   (부정칭)

[단수]	わたし	あなた	かれ	どなだ	どなたか
	ぼく	きみ	かのじょ	だれ	だれか
[복수]	わたしたち	あなたがた	かれら		
	ぼくたち	きみたち	かのじょたち		

(근칭・자칭) (중칭・대칭) (원칭・타칭) (의문칭) (부정칭)

[사물・일]	これ	それ	あれ	どれ	どれか
[인간]	こいつ	そいつ	あいつ	どいつ	どいつか
[장소]	ここ	そこ	あそこ	どこ	どこか
[방향]	こっち	そっち	あっち	どっち	どっちか
	こちら	そちら	あちら	どちら	どちらか

지시어

[규정지시]	この	その	あの	どの
연체사	こんな	そんな	あんな	どんな
	こういう	そういう	ああいう	どういう
	こういった	そういった	ああいった	どういった
	こうした	そうした	ああした	どうした
부사	こう	そう	ああ	どう
	こんなに	そんなに	あんなに	どんなに
동사	こうする	そうする	ああする	どうする
	こうなる	そうなる	ああなる	どうなる

(5) **형식명사**　うえ　なか　した　あと　あいだ　こと　ため　おかげ
　　　　　　　ところ　はず　わけ

제4장 부사의 어형

1) 부사의 어휘 · 문법적 특징

 부사도 문의 진술성·대상적 내용을 분담하는 단어이다. 하지만, 문법적 기능은 동사·형용사·명사만큼 다양하지 않다. 이 때문에 활용이나 곡용체계를 갖지 않는다.
 부사는 기본적으로「속성의 속성」을 나타낸다. 속성의 속성이란 운동·상태·성질에 내재하는 여러 특징을 말한다. 이 때문에 동사·형용사·부사를 규정하는 기능을 갖는다. 주로 동사를 규정하지만 형용사도 상당수 있으며 부사의 경우는 적다. 문의 부분으로서는「연용규정」의 기능을 나타내는 수식어가 된다.
 일본어의 부사의 어형은 용언의 앞에 위치하여 그 용언을 수식하여 용언이 가리키는 움직임·상태·성질·관계·모습·사건 등의「실현방식」의 측면을「규정」한다.

2) 부사의 기본적 기능, 어순과 형태변화

부사는 현실의 단편으로부터「속성의 속성」을 잘라내어, 그 속성의 실현방식을 변별하여 나타낸다. 즉,「연용규정」의 기능을 나타내기위해 그 어형에「활용」「곡용」등의 형태변화의 계열은 없다. <～と>와 <～に>를 동반하는 <ざあざあ(と)・しみじみ(と)・だんだん(に)・まっすぐ(に)> 등이 있지만, 범주적 대립은 없어서 형태변화 계열로 인정하기 어렵다.

- ・車輪が　ごろりと　まわった。
- ・紅茶に　たっぷり　ミルクを　入れた。
- ・きれいに　食べてしまった。
- ・まもなく　お正月です。

드물게「연체규정」과「서술・종지」의 기능을 담당하는 규정어나 술어가 되는 경우가 있다. 하지만, 형태변화의 계열을 만든다고 보기는 어렵다.

3) 부사의 어휘·문법적 의미특징의 집합과 그 계층성

부사로 다루어져 온 단어에는 그 기능에 있어 어휘·문법적 의미특징의 집합에 계층이 있다. 의미특징속의 계층은 현재 아래의 3개의 계층을 확인할 수 있다.

A유형 : 객체화된 사물, 속성, 속성의 속성들의 묶음

　자유로운, 즉 기초적 의미특징으로, 1·2·3인칭문의 동작과 움직임과 상태의 모습을 객관적(사생적)으로 명명하여, 동사가 가리키는 내용을 규정하는 유형을 말한다.「동작·움직임·상태에 내재하는 객체화된 특성」이 의미특징이며 부사중에는 이 의미특징의 계층만을 표현하는 것이 있다. 이러한 부사는 문에 등장하는 인간의 동작과 상태·사물의 움직임과 상태등에 내재하는 모습을 객체화하여 나타내면서 문에 비친 현실의 단편의 표현을 분담하고 대상적인 내용만을 분담한다.

　　·軍人は ぐっすり 眠っていた。(黒い雨) [어떻게 잠자고 있었는가?]
　　·十二月に入ると、めっきり 北国は 寒くなった。(越前竹人形) [어떻게 추워졌는가?]

B유형 : 객체화한 주체의 자세·기세·해석 등의 묶음

　1·2·3인칭문이 가리키는 동작과 움직임과 상태에 대한 그 동작주(혹은, 주체)의 자세와 의욕과 기세등을 명명하여 그 동작과 움직임과 상태를 규정하는 의미특징을 갖는 유형이다. 주체(동작주·주체인 등장인물) 스스로의 동작·상태에 대한「자세·기세·의도·적극성·판단등」이 의미특징으로서 일반화되어 있다. 이것도 대상적인 내용을 분담하고 있다고 할 수 있다.

・男は 振り返りもせず、さっさと 螺旋階段を 下りていった。(あさくさの子供)
・クーポンの原資に税金をあてる案には 大蔵省が 猛然と 反対した。(天声人語85)
・父子は じっくり 話し合った。(朝日連載92) [어떻게 서로 이야기했는가?]

C유형 : 화자의 자세・기세・주석・평가, 또는 진술 등의 묶음

　화자(작자)의 자세와 의욕과 평가 등을 일반화한 의미특징이다. A・B계층의 의미특징에 대한 화자의 주석과 판단과 평가 등을 일반화한 의미특징이기도 하고 화자의 A・B계층의 의미특징으로 구성된 문의 대상적 내용에 대한 자세나 기세나 의도, 판단・평가 등을 일반화한 의미특징이기도 하다.

・彼は革外套を着て、鼻の頭に汗を浮かべ、せかせかと 飛び歩いていた。(闘牛)
・お土産の声を聞くと、婆さんは いそいそと 雨戸を開けた。(鶏騒動)
・面倒はみきれないとでもいうように叔母にバッグを渡して そそくさと 離れていった。
(ネコババのいる町で) [어떻게 떠나 갔는가?]

　또한, D유형이 있을 지도 모른다. 하지만 이는 C유형의 계층의 과제일지도 모르겠다. 이는 아직 부사에 있어 다음과 같은 과제가 해결되어 있지 않은 것에 기인한다.

　부사는 보다 적은 동사(극단적인 경우, 하나의 동사)와 조합되는가 하면, 다수의 동사와 조합되는 것이 있고 중간적인 것도 있다. 이러한 종류의 부사는 의문사로 치환하기 쉽고 부사로서 정리하기 쉽다. 하지만, 의문이 남는 것은 다음의 경우이다. 거의 대부분의 동사와 조합되면서 의문사와 치환이 어려운 종류이다. 동사뿐아니라 형용사와 명사와도 조합되는 것들이다. 이들 중에 동사・형용사・명사와의 조합이 아니고, 문의 대상적 내용과의 연관을 나타내는 것이다. 이들은 의문사로 치환할 수 없게 된다. 즉, 운동・상태・성질에 내재하는 특징이라고 인정하기 어려운 것으로, 이들을 좀더 조사할 필요가 있다. 유의해야 할 것은 동사・형용

사・명사와 조합되는 것과 대상적 내용과 연관이 있는 것을 분별하는 것이다. 예를 들면, C계층만의 의미특징을 갖는 것은 뒤에서 설명할 진술사이지 부사가 아니다. 부사로서 인정이 가능한 것은 A와 B계층의 의미특징을 갖는 것이다. A와 B와 더불어 C의 의미특징을 갖는 것은 부사가 아니고, 이른바 진술부사(陳述副詞)로서 구별해야 할 것이다.

(1) 하나의 동사를 수식하는 부사

특정 동사와만 사용되는 부사군이 있다. 「어떻게」라는 의문사로 치환하기 쉽고 동사가 없어도 그 동사가 나타내는 동작을 알 수 있다.

- 金川は　がぶがぶ　水を　飲んだ。(孤高の人)　　　[어떻게 마셨는가?]
- 馬は　もりもり　かいばを　たべて(ひかりの素足)　[어떻게 먹었는가?]
- 軍人は　ぐっすり　眠っていた。(黒い雨)　　　　　[어떻게 자고 있었는가?]

다음과 같은 예가 있다.
- がぶがぶ, ごくごく, ぐっと, ぐびぐび, ちびちび……　　　　　　[마시다]
- がつがつ, ぱくぱく, むしゃむしゃ, もぐもぐ………　　　　　　[먹다]
- きょろきょろ, じろじろ, ちらちら, ちらっと, ちらりと, じっと……[보다]
- にこにこ, にやにや, くすくす, げらげら………　　　　　　　　[웃다]
- おいおい, えんえん, しくしく, めそめそ………　　　　　　　　[울다]
  ……

『大辞林』에서 <がぶがぶ>는 <水や酒などを勢いよく飲むさま(물과 술 등을 기세좋게 먹는 모습)>이라고 설명하고 있다. 이는 <がぶがぶ>가 가리키는 모든 동류에 공통되는 특징을 일반화하여 의미특징으로 바꾸어 그 최소를 묶어 [gabugabu]라는 소리로 각인한 것이다. <ぐびぐび>는 <酒などをいかにもうまそうに、のどを鳴らして飲むさま(술등을 매우

맛있게 목을 울리면서 마시는 모습>이라고 설명한다.

<がぶがぶ、ぐびぐび>의 설명에 <마시는 모습>이 들어 있는데, <공통되는 의미특징>인 <水や酒などを勢いよく(물과 술등을 기세좋게)> <いかにもうまそうに、のどを鳴らして(매우 맛있게 목을 울리면서)>와 같이 의미특징이 구별된다. 이 <마시는 모습>은 <食べる、見る、笑う> 등과 대립하는 <구별되는 의미특징>이며, 보다 일반적인 <공통되는 의미특징>이다. 적은 수의 동사를 수식하는 부사에는 의성어·의태어가 많고 특정동작의 특정모습을 설명하는 설명방식이 많다.

하지만, 이 설명에 부족한 것이 있다. <酒などを勢いよく(술등을 기세좋게)>의 <勢いよく(기세좋게)>는 누구의 자세인가? <のどを鳴らして(목을 울리면서)>란 누구의 동작인가 하는 것이다. 즉, 「동작주체의」라는 B계층의 의미특징의 설명이 충분하게 이루어지지 않은 것이다.

· 患者は がぶがぶ 水を 飲んだ。　· 患者は 私に がぶがぶ 水を 飲ませた。

또한, <いかにもうまそうに(너무 맛있게)>는 누구의 주석이며 평가인가? 즉, 그렇게 본 <화자의>라는 C계층의 의미특징의 설명이 불충분하다는 것이다. 단, 이 <いかにもうまそうに>가 <ぐびぐび>의 의미특징으로 정당한 것인지에도 의문이 남는다.

(2) 복수의 동사를 수식하는 부사의 경우

복수의 동사를 수식하는 부사의 경우의 의미특징과 그 묶음의 존재양식을 예로 들어보자.

· 彼は 急に、一本の 煙草が すいたくなった。(青春の蹉跌)

・急に、熱い 雨が 落ちて来た。(千曲川のスケッチ)
・マイクが 突然、紋多の名を 呼んだ。(蕩児帰郷)
・突然、野馬が 一頭、方方に 躍り出た。(ベティさんの庭)
・義夫は いきなり、しず子に 飛びついた。(真実一路)
・いきなり、サイレンの 音がした。(村の名前)
・隅田は やにわに、そのトックリを ひったくった。(真実一路)
・やにわに、ただ 心だけが 走る。(放浪記)

이들은 의문사「どのように(어떻게)」로 치환하기 어렵다. 그 이유는 무엇인가?

『大辞林』에서는 <突然>은 <物事が急に思いもかけず行なわれるさま(어떤 일이 갑자기 생각지도 않게 이루어진다)>, <いきなり>는 <それまでの事態とは何の関連もない事態が 急に出現するさま(그때까지의 사태와는 아무런 관련도 없이 갑자기 나타나는 모습)>이라 설명하고 있다. 그리고 양쪽 설명에 등장하는 <急に>에 대하여는 <前ぶれもなく物事が起こるさま。また、変化が突然なさま(조짐도 없이 일이 일어나는 모양>이라 설명하고 있다. 이들의 수식을 받는 동사는 다양하여 앞의 <飲む, 見る, 笑う> 등과 같이 극히 소수의 특정동사에 제한되지 않는다. 이 때문에 특정동작의 모습을 가리키는 단어는 사용할 수 없다. 따라서 <일・사태가> <일어나다・나타나다>라 표현하고, 그것을 <~さま(모양)>으로 일반화하고 있는 것이다.

설명은 이것으로 충분한 것인가? <突然, 急に……>는 기본적으로 동사술어문에 사용된다. 명사술어와 형용사술어에는 사용되지 않는다. 따라서, 동작을 규정하는 의미특징을 갖는다고 생각하기 쉽다. 하지만, 한편에서는 동사의 차이에 의한 <~모양>이라든지 <~모습> 등의 <속성의 속성>으로서는 설명할 수 없는 의미특징이 예를 들면 <사태의 출현・변화>에 대한 <동작주체의>나 <화자의>가 포함되어 있지는 않은지 생각해

볼 필요가 있다. 즉, 차원이 다른 B와 C의 계층의 의미특징이 있을지도 모른다고 생각해 볼 필요가 있는 것이다. 이렇게 의미특징의 파악과 설명에 보다 분석적인 방법이 필요하게 된다.

(3) 부사의 의미특징의 집합의 계층과 문구조에 있는 계층과의 대응

부사의 어휘적의미를 구성하는 의미특징의 묶음과 그 계층은 그 부사를 부분으로 갖는 문의 구조에 있는 계층과 대응한다. 이를 유형이 다른 부사를 문의 부분으로 갖는 몇몇 예문과 더불어 제시한다.

	薪は	すぐに	燃え上がった。
「문의 진술성」	3인칭·과거·평서		
「문의 대상적 내용」	사물의 현상적인 변화		
「문의 부분명」	주어	수식어	술어
「문의 기능구조」1	서술되는 것의 제시	연용규정	서술종지
「문의 기능구조」2	동작주	단시간	현상의 변화

	陶さんは	即座に	首を振った。
「문의 진술성」	3인칭·과거·평서		
「문의 대상적 내용」	인간의 심리적 동작		
「문의 부분명」	주어	수식어	술어
「문의 기능구조」1	서술되는 것의 제시	연용규정	서술종지
「문의 기능구조」2	동작주	단시간	의지태도적동작

	私たち、	もうすぐ	結婚するわ。
「문의 진술성」	1인칭·미래·의지		
「문의 대상적 내용」	인간의 사회적 상태의 변화		
「문의 부분명」	주어	수식어	술어
「문의 기능구조」1	서술되는 것의 제시	연용규정	서술종지
「문의 기능구조」2	동작주	(언제)	사회적 변화
「문의 기능구조」3	태도주체	단시간	태도
「문의 기능구조」4	태도 표명자는 화자		태도 표명(태도표명문)

사카이(酒井悠美)「はやさをあらわす副詞」(1997)에서는 다음과 같이 구분하고 있다.

- soon유형 : すぐに, ただちに……다음의 사건까지의 시간이 짧음을 나타낸다.
- quick유형 : すばやく, さっと……사건의 진행속도가 빠른 것을 나타낸다.

soon유형을 다음과 같이 하위분류하고 있다.
- A유형 : すぐに, すぐさま, ただちに, たちまち……
  [객관적인 모습으로서의 속도를 나타내는 부사]
- AB유형 : さっそく, そくざに……
  [행위자의 의도와 적극성도 의미안에 부가하는 부사]
- AC유형 : もうすぐ, もうじき, いまに……
  [화자의 시점을 의미안에 동반하는 부사]
- C유형 : もう, まだ…… [부사가 아닌 진술사(다른 유형일 수도 있다)]

(4) 진술사와 문의 구조에 있는 계층과의 대응

예를 들면, <たぶん>이나 <どうやら>는 어떤 의문사로도 치환할 수 없다. 이들은 술어의 동사를 수식하거나 동사가 가리키는 동작을 규정하고 있는 것이 아니다. 즉, 대상적 내용의 분담자가 아니고, 대상적 내용에 대한 화자의 태도를 나타내기 위한 분담자이다.

- 奴等は <u>たぶん</u> こないだろう。(冬の旅)　　　　[동사술어문]
- <u>たぶん</u> そんな 人間は すくない。(表層生活)　　[형용사술어문]
- <u>たぶん</u> ひと昔の 話しだろう。(天声人語88)　　　[명사술어문]
- <u>どうやら</u> 火の中で 松脂が 燃えているらしい。(国盗り物語)　[동사술어문]
- <u>どうやら</u> 私の 評判も よさそうな。(歌行灯)　　[형용사술어문]
- <u>どうやら</u> 一種の 電気製品のようだ。(特許の品)　[명사술어문]

위의 <たぶん>이나 <どうやら>는 <奴等がこない・火の中で松脂が燃えている>라는 사항이나 모습을 분담하고 있지 않다. 단지 그 사항이 화자 자신의 머릿속에 상상으로 만들어진 것이라는 화자의 태도의 표현의 분담자이다. 화자가 추측하는 태도만을 분담하고 있어 대상적인 내용은 그 추량한 내용이다. 추량이란 대상적인 내용에 대한 화자의 태도이다.

<たぶん>이나 <どうやら>는 동사술어문뿐 아니라, 형용사술어문・명사술어문에도 나타난다. 그러나 동사・형용사・명사가 가리키는 속성을 규정(수식)하고 있는 것이 아니다. 속성의 속성을 의미특징으로 하고 있는 것이 아니다. 이는 「화자의」라고 하는 C계층의 의미특징으로 C(D 일수도 있음) 계층의 의미특징만을 갖는 단어이다.

	奴等は	たぶん	こない。
「문의 진술성」	3인칭・미래・추측		
「문의 대상적 내용」	인간의 행동		
「문의 부분명」	주어	독립어	술어(분할구조문)
「문의 기능구조」1	서술되는것의 제시		서술종지
「문의 기능구조」2	동작주		행동
「문의 진술구조」	진술주체는 화자	추측(추량구조문)	

다음의 <どうぞ>도 의문사로 치환이 불가능하다. 하지만, 술어가 되는 것은 동사에 한정되어 있어 일견 동사를 수식하고 있는 것처럼 보이나 실제 그렇지 않다. 또한 동사가 가리키는 동작을 규정하는 것이 아니다. 즉, 대상적 내용의 분담자가 아니고, 대상적 내용에 대한 화자의 태도를 나타내는 분담자이다.

・どうぞ、ナプキンを　おとり下さい。(夏草冬涛)

이 문은 청자가 냅킨(ナプキン)을 자신의 의지로 들기를 정중하게 권유하고 있는 문이다. <どうぞ>는 술어가 된 의지동사와 호응하는 것처럼 보인다. 삼성당(三省堂)의 『大辞林』은 <どうぞ>를 <相手の動作を促したり、物を勧めたりするときに用いる語(상대의 동작을 재촉하거나 어떤 것을 권할 때 사용하는 말)>라 설명하고 있다. 「누구의?」라고 되물어보면 문의 청자에 대한 「화자의」라고 대답하게 된다.

<どうぞ>는 정중하게 권하는 화자의 태도를 분담하는 C계층의 의미특징만을 갖는 단어로 문의 진술성인 「정중하게 권하는 화자의 태도」를 나타내는 진술사이다.

<どうぞ>는 명사술어와 형용사술어와는 공기하지 않고 의지동사와 공기하나, 이는 동사를 수식하는 것이 아니다. 동사가 가리키는 동작에 내재하는 특징을 나타내는 것이 아니고, 명령문과 권유문이 명사술어와 형용사술어와는 공기하지 않는다. 문의 진술성의 표현의 차원의 것이다. 권유의 태도를 나타내는 문이 청자의 의지에 의해 실행가능한 행위에 한해 그 행위를 하도록 화자가 권하는 문이기 때문에 이 제한이 생기는 것이다. 따라서 이것이 무의지동사를 수식하면 <자신의 바램을 이루기를 바란다고 빌 때 사용하는 말>(『大辞林』)과 같이 화자의 기원이라는 태도를 나타내는 것을 분담한다.

	どうぞ	ナプキンを	おとり下さい。
「문의 진술성」	2인칭 · 미래 · 권유		
「문의 대상적 내용」	인간의 행동		
「문의 부분명」	독립어	보어	술어(분할구조문)
「문의 기능구조」1	독립	보완	서술종지
「문의 기능구조」2		대상물	행동
「문의 진술구조」	진술주체는 화자	정중한 권유	정중한 권유(권유구조문)

추량을 포함하여 「서술하고 · 질문하고 · 원하고 · 권유하는」 문에 나타

나는 화자의 태도는 모두 화자의 대상적 내용과 현실과 청자에 대한 관계규정을 나타낸다. 문에 있는 이러한 관계규정을 「모달리티」라 부른다. 화자에 의한 대상적 내용의 현실과 청자에 대한 관계규정은 모달리티뿐 아니라 대상적 내용이 현재의 일인지 과거의 일인지 미래의 일인지도 규정한다. 문이 갖는 이러한 관계규정은 「템포랄리티」라 부른다. 또한 대상적 내용이 자신의 일인지 청자의 일인지 그밖의 일인지를 관계짓는다. 문이 갖는 이러한 관계규정을 「퍼스낼러티(인칭)」라 부르고 있다.

문에 구비된 모달리티 · 템포랄리티 · 퍼스낼러티 등을 한데 모아 진술성이라 한다. <たぶん、どうやら、どうぞ>는 체언과 용언과 부사 등과 같이 대상적 내용을 분담할 수 있는 것이 아니라, 진술성만을 분담하는 단어이다. 이것이 대상적 내용을 분담할 수 있는 부사와는 구별하여 C계층의 의미특징만을 갖는 이러한 종류의 단어를 「진술사」라 부르는 이유이다.

(5) C계층의 의미특징을 중복하여 갖는 부사

일본어의 부사는 속성의 속성을 한정하는 A계층의 의미특징과 더불어 화자의 대상적 내용과의 관계를 가리키는 C계층의 의미특징을 중복하여 갖는다. 그 양도 적지않고 정리가 충분히 되어있지 않아 부사의 학습을 까다롭게 만든다. 기계적으로 말하면, 부사에는 A유형 · AB유형 · ABC유형 · AC유형 · BC유형등이 있다. 또한, 어느 계층의 의미특징이 중핵인지에 의해 BAC나 CB, CA라 부를 수 있는 것도 있다.

· <u>さっき</u> 良ちゃんが 来たよ。(草の花)　　　[언제 왔는가?]
· <u>さっき</u>、あなたの報告、聞きました。(人間の壁)　　[언제 들었는가?]

『大辞林』에서는 <さっき(아까)>를 <ほんの少し前の時(아주 바로 조

금전)>이라 설명하고 있다. 의문사 <いつ(언제)>로 치환가능하며 <폭이 있는 시간>이라는 의미특징을 가지고 있어 시간상황을 나타내는 문의 부분이다. 따라서 이 의미특징만이라면 <1997년> <1월> 등과 공통되는 시간을 나타내는 단어라 할 수 있다. 하지만, <화자가 문을 만들고 있는 시점보다 조금전>이라는 의미특징이 있다. <화자가 문을 만들고 있는 시점보다 전, 즉, 과거>를 나타내는 어형 <来た>로 이루어진 술어와 더불어 <바로 조금전이라는 과거>의 템포랄리티표현을 직접 분담하고 있다. 문의 진술성 표현과 관계있는 것으로 이 단어를 선택하여 사용한 화자의 <사건이 조금 과거의 일>이라는 시간표현에 직접 참가하고 있다. 화자가 말하는 시점을 기준시로 한 지시적(deictic)인 의미특징의 계층을 중복하여 가지는 단어로, 단순히 속성의 속성과 관계된 의미특징을 가지는 부사도 아니고, 단순히 템포랄리티만을 분담하여 표현하는 진술사도 아니다. 다른 계층의 쌍방의 의미특징를 갖는다. <きのう> <去年> <以来> 등과 더불어 지시적(deictic)으로 시간을 나타내는 의미특징을 나타내어 <폭이 있는 시간>을 공통적으로 갖는 <前日> <翌年> 등과 같은 비지시적인 의미특징을 갖는 단어와는 구별된다. ＣＡ유형의 부사로 ＡＣ유형이 아닌 「진술부사」인 것이다.

  부사의 어휘적 의미에는 Ａ·Ｂ·Ｃ유형이라는 의미특징의 계층이 있다. 그리고 부사는 각각 그 의미특징을 여러 가지 중복적으로 가지고 있다. 따라서, 부사의 의미와 기능을 알기쉽게 설명하려면 그 계층과 의미특징의 집합을 의식하여 설명할 필요가 있다. 하지만, 이른바『사전』은 아직 그 의미의 설명에 그러한 배려를 하고 있지 않다. 개개부사의 의미특징의 집합을 조사하여 정리하는 문제가 시급하다.

4) 부사로의 전성

많은 부사는 체언과 용언으로부터의 파생에 의해 태어난다. 여기에서는 품사의 전성이 빈번히 일어난다. 이행과 중간현상이 부사의 체계를 밝혀주리라 생각되지만, 여기에서는 간단히 예시하는데 그친다.

- ざあざあ, わいわい, ころころ, つぎつぎ, たっぷり, のんびり……　　[의성・의태어로부터]
- かるく, ひろく, ながく, たかく, よく, ひどく, さびしく……　　[제1형용사 파생]
- きれいに, すぐに, いっしょに, りっぱに, まっすぐに……　　[제2형용사 파생]
- いさんで, とんで, そろって, よろこんで, いそいで……　　[동사 파생]
- 段々に, 一段と, 日頃, 土台, 時に, 先刻, それから, 極力……　　[명사 파생]

5) 부사의 어휘 · 문법적 계열

(1) 「규정」부사

① 「양태부사」

양태부사는 주로 동사가 가리키는 동작과 움직임과 상태가 나타나는 「모습」의 차이를 변별하여 나타내면서 그 동작과 움직임과 상태를 규정한다.

- 新入生は　げんきに　うたった。
- 勇くんは　家に　とんで　帰った。
- 赤ん坊が　ばたんと　転んだ。
- 猿は　かるく　枝に　飛び移った。
- 壁を　真っ白に　塗り替えた。
- 庭を　こじんまりと　作った。
- 事故を　悲惨に　思った。(かなりの　損害を　こうむった。)

・しろく, あかく	「사물의 색」	[변화동작・움직임]
・まるく, しかくに, ざらざらに	「사물의 형」	[변화동작・움직임]
・かたく, あまく	「사물의 질측면」	[변화동작・움직임]
・みじかく, こまかく, ちいさく, うすく	「사물의 양측면」	[변화동작・움직임]
・元気に, 若々しく, 弱々しく, ちからなく	「인간의 생리적」	[동작]
・たのしく, さびしく, かなしく, ふきげんに	「인간의 감정」	[동작]
・大切に, 大事に, ていねいに, あらっぽく	「취급방식」	[동작]
・熱心に, 真面目に, 懸命に, 適当に	「취급방식」	[동작]
・したしく, なれなれしく, よそよそしく	「인간관계」	[동작]
・低く, 大きく, かんだかく, 声高に	「목소리・소리」	[동작・움직임]
・強く, 弱く, かるく, きつく	「힘」	[동작]
・早く, のろのろ, すばやく, ゆっくり	「빠르기」	[동작・움직임]
・まっすぐ, じぐざぐ, はすに, 真横に	「방향」	[동작・움직임]
・暗く, 明るく, 煌々と, ぼんやりと	「밝기」	[동작・움직임]

- 詳しく, 簡単に, つぶさに, あいまいに 「정보량」 [동작]
- 激しく, 弱々しく, すざまじく, 微かに 「격함」 [동작・움직임]
- 仰向けに, 後向きに, 前屈みに 「인간의 자세」 [동작]
- 伏し目がちに, 真顔で, 寝惚け顔で 「인간의 표정」 [동작]
- 素手で, 片手で, はだしで, 裸で 「인간의 신체부분으로」 [동작]
- 早口に, 大声で, ひそひそと, 小声で 「인간의 말투」 [동작]
- のんびり, ゆうゆうと, しぶしぶ, いそいで 「인간의 심리」 [동작]
- わざと, わざわざ, 無理に, おもわず 「인간의 의도」 [동작]
- 口々に, てんでに, 交互に, 一斉に 「복수인간으로」 [동작]
- つぎつぎ, とぎれとぎれに, 見る間に 「진행의 방식」 [동작・변화]
- 点々と, まばらに, とびとびに, 離れ離れに 「배치에서」 [존재]

이들 양태부사는 어떠한 잣대를 사용하여 수량적으로 위치짓는 것・정도를 포함하는 것・평가를 포함하는 것이 있다.

- 長く, 短く, 深く, 浅く, 高く, 低く, 「공간양」 [동작・움직임]
- 長く, しばらく, 随分, すこし 「시간양」 [동작]
- 高く, 安く 「가격」 [동작]
- 真っ赤に, 広々と, ほそぼそと, こまごまと 「정도 포함」 [동작・움직임・상태]
- 華やかに, 美しく, 可憐に, 香ばしく 「[+]가치」 [동작・움직임・상태]
- 醜に, どぎつく, たどたどしく, うるさく 「[-]가치」 [동작・움직임・상태]

② 정도부사

정도부사는 주로 상태와 특성의「정도」나 운동이 나타나는 모양의「정도」를 변별하고「규정하는」기능을 갖는다. 정도란 여기에서는 사물의 비교등 그 공통되는 상태와 특성의 측면상에서의 차이가 어느정도인가 하는 것을 말한다.

형용사가 가리키는「성질・상태・관계의 세기」의 정도을 규정하는 것이지만, 동사・부사가 가리키는 모습을 규정하는 것도 있다.

· あせる、ちぢれる、いたむ、ぬれる、ふとる、よう 「변화의 세기」
· 怒る、甘える、愛する、悲しむ、可愛がる、嫌う、喜ぶ 「태도동작의 세기」
· 呆れる、驚く、困る、痛む、痺れる、震える、混む 「상태의 세기」
· 晴れる、曇る、冷える、下がる 「자연현상의 세기」
· 青すぎる、食べ過ぎる、飲み過ぎる、目立つ、暇取る 「과도의 정도」
· 優れる、劣る、にあう、違う、まちがう 「관계의 정도」
· かるく、ふかく、つよく 「실현의 정도」

· きょうは 仕事が わずかに 楽だ。
· このあたりは ひどく 汚れている。
· この失敗は きわめて 残念だ。
· あの子は おかあさんに すこし 似ている。
· きみ、かなり 痩せたね。
· 蟻が たくさん 歩いている。

· ちょっぴり、こころもち、いくらか、いささか、わずかに
· わりに、わりあい、やや、すこし、ちょっと
· かなり、そうとう、だいぶ、ずいぶん、ずっと
· とても、非常に、はるかに、よほど、たいそう
· すこぶる、いたって、すばらしく、しごく、うんと
· はなはだ、ひじょうに、たいへん、きわめて、ごく
· ひどく、いやに、ばかに、もうれつに

③ 양을 한정하는 부사

양을 한정하는 부사는 주로 명사가 가리키는 주체·객체인 사물의 불특정량을 평균으로 보는 양의 지식을 기준으로 변별하며「규정하는」기능을 한다. 이 때문에 연체와 연용의 대응을 보인다. 수사(数詞)란 특정의 양인지 불특정의 양인지에 의해 달라진다.

· 虫が たくさん 飛んでいる。
· たくさんの 虫が 飛んでいる。

· たくさん、いっぱい、たっぷり、おおぜい、すこし、多少の、わずか、どっさり
　　　　　　　　　　　　　　　　　　　　　　[객체와 주체의 양]

- たかく, ふかく, うんと, したたか, たんと, ちょっと   [공간의 양]
- ながく, しばらく, かなり, ずっと, だいぶ, ちょっと, 少し   [시간의 양]
- 全部, すべて, みんな, おおく   [양의 강조]

(2) 상황을 나타내는 부사

① 공간상황적인 부사

　공간상황적인 부사는 어떤 사람이 평균으로 보는 사건이 성립하는 공간적 상황의 지식을 기준으로 사건이 성립하는 공간적 상황을 변별하여 나타낸다.

- 紙屑が　<u>そこらじゅう</u>　散らばっていた。
- 彼は　<u>とおく</u>　位置を　占めた。

- 一面に, そこらじゅう, とおく, ちかく, はるかに, はるばる

② 시간상황적인 부사

　시간상황적인 부사는 어떤 사람이 평균으로 보는 사건이 성립하는 시간적상황의 지식을 기준으로 사건이 성립하는 시간적상황을 변별한다.

- <u>まだ</u>　二時です。
- <u>もう</u>　二時です。
- <u>さしあたり</u>　予約は　しておこう。

- まもなく, すぐ, はやく, たちまち, いまに, さっそく, やがて, かって, かねがね
  さっき, ゆくゆく, たえず, ふだん, いつも, しじゅう, まいつき, としごとに
  かって, せんだって, まもなく, やがて, ながらく, しばらく

③ 복수의 시간상황적인 부사

복수의 시간상황적인 부사는 어떤 사람이 평균으로 보는 사건이 성립하는 시간적 상황의 지식을 기준으로 사건이 성립하는 시간적상황을 변별한다.

· 後楽園には　よく　行った。
· たまに　図書館にも　行った。

· よく, しばしば, たびたび, しょっちゅう, ひんぱんに, ときどき, ちょいちょい
· たまに, たまたま, ときたま, まれに, いくたびか, めったに

④ 목적・원인・이유적인 부사

목적・원인・이유상황적 부사는 어떤 사람이 평균으로 보는 사건이 성립하는 목적・원인・이유적상황의 지식을 기준으로 사건이 성립하는 목적・원인・이유적 상황을 변별한다.

· 面白半分に　寺の　鐘を　ついた。
· 仕方なく　うそを　ついてしまった。

· じょうだんに, たわむれに, 面白半分に, 退屈紛れに, 照れ隠しに
· 仕方なく, やむをえず, わけもなく, なんとなく

6) 부사의 강조

부사에도 조사를 붙이는 형태변화에 의한 「강조」가 있다.

・かれは　ぐっすりとは　眠れなかった。
・この夜、母は　まんじりとも　しなかった。

제5장 서법적 단어

문의 본질적인 특징은 진술성과 대상적 내용과 그것을 존재하게 하는 분할구조이다. 이 진술성과 대상적 내용과의 쌍방을 동시에 분담할 수 있는 단어는 명사·동사·형용사·부사이다. 이를 주요품사라 한다.

이 4대 품사와 달리 진술성의 표현만에 관여하는 진술사·접속사·감탄사와 같은 품사가 있다. 이들에게 공통되는 것은 대상적 내용을 분담할 수 없다는 점이다. 하지만 그 단어를 사용하여 문을 만든 사람을 화자라 한다면, 이 역시 그 화자의 태도와 논리와 감정을 나타내는 단어인 것이다. 여기에서는 이들을 「서법적(modal) 단어」라 부르기로 한다.

1) 진술사

　진술사는 진술표현에 직접 삼가하고 진술을 지탱하고 명확하게 하는 단어이다. 따라서, 진술성(모달리티·템포랄리티·퍼스낼러티 등)을 분담하여, 진술성의 표현의 중심인「술어」와 호응하고 있는 것처럼 보이나 주의해야 할 것은 술어중 용언과 체언을 규정하기 위해 수식하는 연용이나 연체가 아니라는 점이다. 즉 문의 대상적 내용을 직접 분담하는 것이 아니라, 대상적 내용에 대한 화자의 태도를 나타내는 단어인 것이다. 따라서 문안에서 의문사로 치환할 수 없다는 점이 부사와 다르다.

　자칫 진술사를「술어와 호응하는 단어」, 즉「연용수식」으로 보아, 부사는 물론 진술부사와 동일시하여 다루는 것은 문의 대상적 내용뿐 아니라 진술성조차 파악하기 어렵게 만든다. 부사라 불리워 온 것중에는 부사로서의 A계층의 어휘적 의미특징뿐 아니라, 그 계층보다 바깥쪽에 C계층의 의미특징을 갖는 단어도 많다. 이를「진술부사」또는「진술사」라 불러 구별해도 좋다.

- 子どもたちへの　こづかいは　せいぜい　二千円でいい。
- 名人は、素材を　けっして　そまつに　扱わない。
- もし　道が　一面　凍ってしまったら、車は　たぶん　のんびり　走れないぞ。

(1) 모달리티 표현과 관련이 있는 것

① 사실 모달리티 표현과 관련이 있는 것

[습관·반복]　・きまって、いつも、とかく、またまた、また
[부정]　　　・けっして、だんじて、べつに、たいして、ろくに、すこしも
　　　　　　・とうてい、あながち

② 비현실 모달리티 표현과 관련이 있는 것

[추량]	・たぶん, おそらく, きっと ： だろう계열
[추량]	・どうも, どうやら ： らしい계열
[추량・판단]	・ぜったいに, だんじて, かならず, もちろん, あるいは
	・とうてい, よもや, まさか, ひょっとしたら, さぞ
[판단]	・当然, なるほど, やっぱり, どうせ
	・道理で, さすがに, なにせ, もちろん
[한정]	・ただ, たんに, もっぱら
[택일]	・まさに, まさしく, ほかでもなく, いっそ
[중시]	・とくに, ことに, とりわけ, わけても, なかんずく, なかにも
[응축]	・おもに, しゅとして
[예시]	・たとえば
[선택]	・むしろ, どちらかといえば
[평가]	・さいわい, あいにく, ふしぎに, うまいことに
	・ありがたくも, おどろいたことに, まったく, ひとえに
	・しんせつにも, 勇敢にも, しつれいにも
	・すくなくとも, せいぜい, たかが, たかだか
	・たいして, ろくに, すこしも
	・せっかく, まして, いわんや
[조건규정]	・もし, 万一, あまり, いくら, たとえ, どんなに
[서술방식]	・まったく, どうりで, じつは, おもえば, げんに, いわば
	・およそ, 結局, あんのじょう, はたして
[비유]	・あたかも, まるで
[기원]	・せめて, なるべく, かならず, 断じて, きっと, 絶対に
[청유]	・なにとぞ, どうぞ, どうか, なにぶん, ぜひ
	・なにでしたら, ぜひ, いっそ, なんなら, さあ

③ 들어서 앎   ・きけば, なんでも

④ 의문 모달리티표현과 관련이 있는 것

   ・なぜ, はたして, どうして, なんで, なにゆえ

⑤ 독립 모달리티표현과 관련이 있는 것

   ・なんと, なんて, まったく

(2) 템포랄리티표현과 관련된 것

「사건의 실현에 대한 시간적 배려」　·さしあたり, とうめん, いつか
「사건의 실현의 시간적인 해석」　　·もう, まだ, とっくに
　　　　「과거」　…「현재」　…「미래」　…
　　　·「선행」　…「후속」　…「동시」　…

2) 접속사

　접속사는 대화나 단독적인 발화에서 형태변화는 하지 않지만 앞 부분에 배치되어 그 문의 앞의 문과의 관계의 차이를 변별하여 나타낸다. 문 안에서 의문사로 치환할 수 없고 문의 대상적 내용을 직접 분담할 수 없다. 화자에 의한 문의 앞의 문과의 관계규정을 나타내는 서법적 단어이다. 서법적 단어이기 때문인지 진술사와 중간적인 것이 많이 있어, 경계를 정하기가 어렵고 이행하는 것도 많다.
　접속사에는 다음과 같은 것이 있다.

[기술의 부가] ・かつ, および, あわせて, さらに, なお, そして, また, しかも, それから, それに, そのうえ, それより
[설명・보충] ・つまり, すなわち, おって, なんとなれば, ちなみに, たとえば, なぜなら, なぜかというと, ただし, もっとも
[역접의 기술] ・しかるに, が, といって, だが, ところが, しかし, けれど(も), それでも, それなのに, だけど, でも, だって
[결과・귀결] ・かくして, ゆえに, それゆえ, したがって, そのため, だから, それで, で, そこで, ですから
[화제의 전환] ・すると, さて, ところで, ときに, つぎに, そうだとすれば, そうしたら, そうすると, それなら, それでは, では, そしたら, そうすれば, そんなら, それじゃ, じゃ
[택일관계] ・はた, ないし, または, あるいは, もしくは, それとも

　문과 문과의 연결이 아니고, 단어와 단어와의 병렬에 사용되는 것이 있다.
　・~あるいは~, ~または~, ~そして~, ~および~, ~ならびに~

3) 감탄사

감탄사는 기본적으로는 비분할구조로 소리를 내어 표출하는 문이 되거나 혹은 문의 처음에 배치되어 독립어로서 기능한다. 형태변화는 하지 않지만, 화자의 감각·감정·태도 등을 직접 표출하는 단어이다. 문안에서 의문사로 치환할 수 없으며 문의 대상적 내용을 직접분담할 수 없다. 화자에 의한 화자의 태도·감정 등을 직접 가리키는 것으로, 서법적 단어이다.

(1) 표출문 : 청자의 존재와 관계없이 사용되는 특징이 있다.

① 표출·비성분문

[감각의 표출]	·あっ！(四千字劇場)	·おおっ！(こんなものを)
	·ありゃ！(白い手)	·わっ！(あさくさ)…
[감정의 표출]	·あははは！(感傷旅行)	うふふ！(痴人の愛)
	·うわっ！(しろばんば)	ふふん！(敵討以上)
[의식의 표출]	·あら！(くされ縁)	·えっ！(家族ゲーム)
	·ははあ！(剣客商売)	·やれやれ！(くされ縁)…
[사고의 표출]	·うーん！(ブンとフン)	ええと！(多情仏心)
	·おや！(ワンワン物語)	·ちえっ！(あすなろ物語)
[의지의 표출]	·どっこいしょ！(放浪記)	·よいしょ！(蒼氓)
	·エイッ！(あうん)	

② 표출·성분문

[감각의 표출]	·熱い！(ベティさん)	·痛え！(冬の旅)
	·寒い！(金色夜叉)	
[감정의 표출]	·畜生ッ！(砧をうつ女)	·こん畜生！(お富の貞操)
	·やったあ！(大誘拐)	
[의식의 표출]	·おや！(ありがとう)	·万歳！(あうん)
	·大丈夫！(あいびき)	·バカ！(家族ゲーム)

[사고의 표출] ・たいしたもんだ!(あいびき) ・しょうもない!(あすなろ物語)
　　　　　　 ・駄目!(出家とその)
[의지의 표출] ・それっ!泥棒!(あさくさ) ・よし!(葛西善蔵・春)
　　　　　　 ・やるぞ!(冒険者たち)

(2) 함성문 : 청자가 반드시 존재한다는 특징이 있다.

① 함성・비성분문

[호출] 상대하려는 사람에 대한 태도・관계표명을 나타내는 문
　　　　・もしもし!(北の国から夏)　・こらっ!(白い手)
　　　　・おい!(病院)
[응답] 상대의 이야기에 대한 자신의 승낙여부의 태도를 나타내는 문
　　　　・はい!(路傍の石)　・いいえ!(汽車)
　　　　・うん!(長江)　・いや!(泡鳴)
[인사] 상대에 대한 인사를 나타내는 문
　　　　・おはよう!(放浪記)　・じゃあ!(バタアシ金魚)
　　　　・さよなら!(おもひで)
[고함] 자신들의 동작에 대한 격려의 기분을 나타내는 문
　　　　・よいしょ!(二十四の瞳)　・どっこいしょ!(放浪記)

② 함성・성분문

[호출] ・桂太!(あさくさ)　　　　・ねえさん!(真実一路)
　　　　・ちょいと!(ありがとう下)
[응답] ・いいよ!(多情仏心)　　　・だめ!(女社長)
　　　　・まあね!(ありがとう)　　・いえ!(ありがとう)
　　　　・嫌だ!(あすなろ物語)　　・ばかを言え!(あすなろ物語)
[인사] ・失礼します!(大誘拐)　　・またね!(バタアシ金魚)
　　　　・あしたね!。いらっしゃい!(ありがとう下)
　　　　・ありがとう!(ありがとう下)
[고함] ・がんばれ!(ブンとフン)　・いけ!(白い手)

제6장 품사의 정리

1) 실사(주요품사)

　기본적으로는 어휘·문법적 특성에 의해 분류된 단어의 집합을 품사라 한다. 문의 대상적 내용과 문의 진술성, 이를 모두 분담할 수 있는 특질을 갖는 단어는 이미 설명한 「명사」「동사」「형용사」「부사」등, 네 개의 품사이다. 따라서, 이들 네 개의 품사를 「주요 품사」「4대 품사」, 또는 「실사(実詞)」라 명명하고, 그 밖의 품사와는 구별한다. 이 실사에 대립되는 품사로서는 보통 서법적 단어라 불러 온 진술사·접속사·감탄사 등을 들 수 있다. 제 언어마다 각각의 특질에 의해 다양한 품사가 존재한다.

2) 서법적 단어

 문의 대상적 내용을 분담할 수 있는 「실사」에 반해, 문의 대상적 내용은 나타내지 않고 오로지 진술적 측면을 분담하는 「서법적 단어」가 있다. 이러한 단어는 문의 대상적 내용과 문의 진술성을 함께 분담할 수 있는 특질을 가지고 있지 않기 때문에 완벽한 의미에서의 단어, 즉 완전한 품사라 할 수 없는 것이다. 하지만 분리성이 있고 문의 진술성을 나타내는 데 직접 관여하는 독립된 문의 부분이 되기 때문에 「진술사」, 「접속사」, 「감탄사」는 품사로 분류되며, 3부에서 다룰 보조적인 것과는 구별된다.

제3부
어형구성을 위한 보조적인 것

대상적 내용의 직접적인 분담자가 되지 못하고 실사와 조합함으로써 문의 부분을 구성하는 것이 있다. 이들은 단독으로 문의 직접성분이 되지 못하고 실사의 어형구성의 수단이 된다. 따라서 엄밀하게는 단어로 인정하기 어렵다. 문의 부분을 만들기 위해 교착하거나 복합되거나 하는 수단을 실사 및 서법적 단어와 구별하여「보조적인 부류」로 부르기로 한다. 아직 단어로서 다루는 경우도 있지만 단어와 어형구성의 수단과의 중간적인 것으로, 그중 단어에 가까운 것으로 다루는 것이 정당할 것이다. 술어를 만들기 위한「결사(코퓰라)」나 그밖의 부분을 만들기 위한「후치사」나 복합문의 부분=문을 만들기 위한「종속접속사」라 불리는 것이 이에 속한다.

・働く者からいえば　生活のために　雇い主にたいして　仲間とともに　賃金について　要求する　機会を　保証するのは　社会にとって　あんがい、本質的なことかも　しれないよ。

제1장 코풀라

코풀라(copula)는 실사(実詞)에 붙어 그 실사의 술어가 되는 어형을 만드는 역할을 한다. 실사는 코풀라를 붙임으로써 술어로서의 형태변화를 가능하게 한다. 이 참가한 어형은 문법적 역할은 다양하며, 여러 문법적 기능・문법적 의미를 나타내는데 도움이 된다. 코풀라자신은 그 대부분이 실사에서 파생한 것이다. 하지만 그 형태변화는 원래의 실사만큼 풍부하지 않다.

- あの様子では　佐藤くんは　そろそろ　帰る<u>ようだ</u>。
- 地球が　太陽の　まわりを　回っているの<u>である</u>。
- 太陽の　まわりを　回っているのは　地球だ<u>そうだ</u>。

① 체언에 붙는 코풀라

- ～だ。～です。～である。
  橋だ。　橋です。　橋である。
- ～らしい。～かもしれない。～にちがいない。
  橋らしい。　橋のようだ。　橋かもしれない。橋にちがいない。
- ～のようだ。～みたいだ。～だそうだ。
  橋のようだ。橋みたいだ。橋だそうだ。
- ～であるべきだ。
  橋であるべきだ。

② 용언에 붙는 코풀라

- ~するのだ。~するのです。~するのである。
- ~するらしい。~するかもしれない。~するにちがいない。
- ~するようだ。~するみたいだ。　~するそうだ。
- ~するべきだ。~して(は)いけない。~して(は)ならない。
  ~するといけない。~しなくてはならない。~しなくてはいけない。
  ~しなければならない。~しなければいけない。~しないといけない。
- ~して(も)いい。~すればいい。~したらいい。~するといい。
- ~するならいい。
- ~してほしい。~してもらいたい。
- ~しようと　する。
- ~している。~してある。~してしまう。~してくる。~していく。
- ~するところだ。~する　ばかりだ。
- ~はずだ。~わけだ。~ものだ。
- ~しだいだ。~つもりだ。

제2장 후치사

후치사(後置辭)는 체언의 격에 붙어 그 격을 지배하면서 격의 기능을 보완하여 그 체언의 문중에서의 다른 단어와의 관계를 나타내는 형태변화를 지탱하는 보조적 수단이다. 체언의 뒤에 놓여 후치사라 불린다. 실사로부터 파생하여 측면, 방향, 추상적 의미를 나타내는 이른바 형식적인 단어와 경계를 긋기 어렵다. 후치사에는 연체기능을 나타내는 것과 연용기능을 나타내는 것이 있다.(참고문헌 3/15/16/17 참조)

- あの様子について　佐藤くんは　どう　考えますか。
- 計画は　専門会議において　立案された。
- あの貝は　あの子にとって　宝物だったのです。
- 難題は　努力によって　片付けられた。
- 役人は　質問にたいして　まじめに　答えなっかった。
- 当局は　清掃工場にかんして　発表したことは　ない。
- 国会議員としての　自覚は　本当に　あるのでしょうか。
- 駐車料は　１時間につき　３００円　増えます。
- 一郎は　代表として　大会に　参加しました。
- 和子は　姉といっしょに　出かけました。
- 昨年は　父とともに　旅行に　行きました。
- 雑誌は　本日をもって　廃刊になります。
- あの地方は　つむじ風のために　大きい　被害を　だした。
- 日が　たつにつれて、気持ちも　落ち着いてきた。

(1) 격의 의미, 기능을 갖는 후치사

격지배		연용형식	연체형식		
に격지배	(~に)	おいて	おける	おいての	
	(~に)	ついて	ついての		
	(~に)	つき			
	(~に)	とって	とっての		
	(~に)	むかって	むかっての	むかう	
	(~に)	よって	よる	よっての	
	(~に)	対して	対する	対しての	
	(~に)	関して	関する	関した	関して
と격지배	(~と)	して	しての		
	(~と)	いっしょに	いっしょの		
	(~と)	ともに			
を격지배	(~を)	めぐって	めぐる	めぐっての	
	(~を)	もって			
の격지배	(~の)	おかげで			
	(~の)	ために	ための		
	(~の)	くせに			

(2) 강조적 의미를 갖는 후치사

から격지배	(~から)	いえば	いうと
	(~から)	みれば	みると
	(~から)	すれば	すると
と격지배	(~と)	いえば	いうと
	(~と)	すれば	
	(~と)	きたら	

제3장 종속접속사

종속접속사는 종속부분=문에 붙어, 종지부분=문에 대한 조건, 시간상황적인 관계, 그밖의 여러 가지 관계를 나타낸다. 술어가 되는 실사에 붙어 있는 것처럼 보이지만, 종속부분=문에 붙는 보조적인 것이다.

- 母が 帰ってきた <u>とき</u>、弟は まだ 起きていた。
- 門に 入った <u>ときに</u>、ベルが 鳴り始めた。
- 会議が 始まる <u>まえに</u>、印刷物を そろえた。
- みんなが 帰った <u>あと</u>、掃除が 始まった。
- 遅くなった <u>ばあい</u>、よく 車を 使った。
- 早く 帰る といった <u>くせに</u>、まだ 帰ってこない。
- 早く 帰る といった <u>ものの</u>、約束は 守れそうにない。
- 工事は むつかしかった <u>にもかかわらず</u>、予定どおり 竣工した。
- 試合を 申し込んだ <u>ところが</u>、簡単に 受け入れてくれた。
- 早く 出かけた <u>ところで</u>、店は 十時にしか 開かないよ。

그밖에 다음과 같은 것이 있다.

- ~(の)に つれて, ~(の)と ともに, ~の ために, (~した)ところで, ~(する) くせに, ~(した)ものの

제4장 종조사·접속조사·인용조사

(1) 종조사

종조사는 문의 끝에 붙어 화자와 청자와의 정보량의 차이를 좁히려는 화자의 기분의 표현과 관련된 접사(接辞)이다.

· あした 大臣が ここに くるんだよ。
· 山本さんですね。お迎えに きましたわ。
· だれか 手伝って くれないかな。

① <よ>는 화자가 정보가 없는 청자에 대해 정보를 제공할 때 사용된다.

· 今日は 雨だよ。傘が いるよ。
· 朝方 いびきを かいていたよ。
· 帰って いいよ。
· 落ち着くんだよ。
· 白状しなさいよ。
· いい加減にしろよ。

② <ね>는 화자가 정보를 가지고 있는 청자에 대해 정보를 확인하려는 느낌을 표현한다.

· 山本さんですね。お迎えにきました。　　· 荷物はつかなかったそうだね。

- 私は帰りますが、いいのです<u>ね</u>。　　・明日の予定は解っています<u>ね</u>。
- あのバス やっと 来ました<u>ね</u>。　　・いい庭ですね<u>え</u>。
- たいへんでした<u>ね</u>。　　　　　　・さすがにこまってしまったね<u>え</u>。

③ <さ>는 화자가 확실한 정보를 청자에게 설명하려는 느낌의 표현이다. 정보가 있다는 점에서는 <よ>와 같다. 질문에 대한 답이라는 점이 다르다.

- うん、そう<u>さ</u>、蛾の一種<u>さ</u>。　　・心配ない<u>さ</u>、元気<u>さ</u>。
- あいつはたいした男<u>さ</u>。　　　　・言わなかったかって、言った<u>さ</u>。

④ <わ>는 여성화자의 확실한 정보를 청자에게 전달함으로써 이해를 구하려는 기분의 표현이다. 정보가 있다는 점에서는 <よ, さ>와 같다. 먼저 이야기할때나 대답할 때 사용된다. 하지만 강압하는 기분이 없다는 점에서 다르다. 대등하거나 윗사람을 대하는 뉘앙스를 준다.

- 今日は 雨だ<u>わ</u>。傘が いる<u>わ</u>。　・朝方 いびきを かいていた<u>わ</u>。
- 言わなかったかって、言った<u>わ</u>。　・心配ない<u>わ</u>。泣き寝入りなんかしない<u>わ</u>。

⑤ <ぞ>는 남성인 화자가 확실한 정보를 청자에게 전달함으로써 주의를 환기하려는 기분의 표현이다. 정보가 있다는 점에서는 <よ>와 같지만, 뭔가의 행위를 기대한다는 점에서 다르다. 대등하거나 아랫사람을 대하는 뉘앙스를 준다.

- もう帰る<u>ぞ</u>。・門がしまる<u>ぞ</u>。・しめこまれる<u>ぞ</u>。・おいていく<u>ぞ</u>。・外は寒い<u>ぞ</u>。
- さ、ふろができてる<u>ぞ</u>。・人を使うのはたいへんだ<u>ぞ</u>。・怒るんじゃない<u>ぞ</u>。

혼잣말로 결의를 다질 때에도 사용된다.

- よし、儲けてやる<u>ぞ</u>。・決して泣かない<u>ぞ</u>。・もうまけない<u>ぞ</u>。

⑥ <ぜ>는 남성화자가 확실한 정보를 청자에게 전함으로써 자신에게 정보가 있음을 알리려는 기분의 표현이다. 정보가 있다는 점에서는 <よ>와 같지만, 청자를 위한다기 보다는 자신에게 정보가 있다는 것을 알리려는 기분이 강하다. 대등한 위치의 사람에게 사용하며, 자신의 정보를 자랑하려는 뉘앙스를 준다.

・あの選手のサインも持っているんだぜ。 ・話しもしたんだぜ。 ・おおきいぜ。

뭔가의 행위를 기대하는 상대에게 주의를 환기시키려는 기분을 나타내기도 하지만, <ぞ>만큼 강하지는 않다.

・見ていいが、手を出すんじゃないぜ。 ・ちゃんと見料ははずむんだぜ。

⑦ <な>는 남성화자가 정보가 있는 청자에 대한 자신의 정보를 동일하게 하려는 기분의 표현이다. 「확인을 위한 다짐」이라는 기분의 표현이기도 하다. 정보가 없다는 점에서는 <ね>와 같지만, <な>는 대등하거나 아랫사람에게 사용한다는 점에서 다르다. 그점에서 자신 있게 들린다.

・きのうはたしかに野球にいったのだな。 ・あの店へは行っていないんだな。

상대가 없을 때 혼잣말・속으로 생각한 말등에 사용되는 점에서 <ね>와 다르다. 이 때문에 화자의 감동이 전면에 나온다.

・しかたないんだな。　・だれか手伝ってくれないかな。　・こまったな。
・いい夜だなあ(ね)。　・しずかな庭だなあ(ね)。

⑧ <とも>는 화자가 청자에 대한 보증・동의하는 기분의 표현에 사용한다.

・いきますとも。・大丈夫ですとも。・もちろんですとも。・いいとも。

⑨ <もの>는 화자가 청자에 대한 반박・불만의 기분의 표현하는데 사용하는 것이다.

・あんまりおそいんですもの、さき食べました。・まだ子供なんですもの。

⑩ <こと>는 여성화자가 청자에 대한 감동하는 기분을 나타내는 표현에 사용한다.

・ご立派ですこと。 ・かしこい犬ですこと。 ・よく気が付くこと。

⑪ <か, かい, かしら>는 의문의 기분 및 의문・반어・감동등의 기분을 표현하는데 사용한다.

・おたくの犬ですか？(かい？かしら？)

⑫ <や>는 권유을 부가하는 경우에 사용하는 것이다.

・早く 片付けちまおうや。

(2) 접속조사

접사중에 종속부분＝문, 서두부분＝문의 뒷부분에 붙어 종지부분＝문과의 관계를 나타내는데 도움이 되는 <が, けれども, し, から, ので, の

に、なら> 등이 있다. 이를「접속조사」라 부르기도 한다.

- 雨が 降ったが、お湿り程度だったよ。
- 雨も 降ったし、風も 吹いた。
- 雨が 降れば、川の 水が 増える。
- 雨が 降ったので、川の 水が 増えた。

하지만 이를「접속사」라 부르는 사람도 있다. 이들이 절대진술성에 가까운 부분=문에 접속하기 때문이다. 이에 대해「접속조사」라 불리는 것은 <ば、たら、て、ても、と> 등이다. 이들이 상관진술성을 갖는 부분=문을 만들기 때문이다.

(병렬의 경우)

~であれ、~であれ~、	~でも~でも~、	~というか~というか~、	~とか~とか~、
~やら~、	~やら~やら~、	~であろうと、	~であろうと~、
~か~か、	~だの~だの~、	~に~、	~つ、~つ、
~のやら~のやら~、	~とも~、	~なり~、	~か、それとも~か、
~ども~ども~、	~ほかに~、	~がち、	~こと、~こと、
~ことには~が、~、	~ことは~が、~、	~づくり、	ひとつは~、ひとつは~

(3) 인용조사

또한, 종지부분=문상당 뒤에 붙어「복합복문」의 인용부분=문임을 나타내는「인용조사」가 있다. 다음의 <と>는 인용조사이다.

- 彼は 「さよなら」と つぶやいていた。
- 先生は、これでおしまいだといったそうです。

형태론의 기술을 맺으면서

보조적 단어및 접사가 붙은 문의 부분이 갖는 문법적 기능과 문법적 의미에 대해서는 필자의 『文とはなにか』(이미숙역(2004)『일본어의 통사론』J&C출판사)의 「대상적 내용의 유형론」「진술론」「구조론」을 참조 바란다. 이렇게 부탁하는 데에는 심각한 이유가 있다.

간단히 말하면, 일본의 종래의 문법론은 문을 구성하는 단어론으로, 단어로 구성된 문론이 결여되어 있었다. 종래의 문법론에서는 각각의 단어와 보조적 단어, 접사의 경우, 각각의 문법적 의미를 각 항에서 설명하는 것이 일반적이었다. 하나하나 설명하더라도 그 문법적 의미마다 실현하는 조건을 늘어놓는 것에 지나지 않아 결국 그들간의 체계를 계통적으로 관계지워 다루기가 불가능했다. 이들의 나열은 그 전후에 존재하는 다른 문법적 의미간의 관계를 설명하기가 불가능하다. 결국은 문법적 규칙의 체계성이라는 흥미로움을 이끌어내지 못하고 암기를 강요당하게 된다.

여기에는 필연적인 원인이 있다. 그것은 그 문법적의미를 실현하는 조건이 바로 구문론에 있어서의 진술론·구조론이 밝히는 문법적 법칙의 체계성이라는 데에 있다. 단어와 보조적 단어, 접사를 축으로 하는 설명은 당연히 진술론과 구문론이 밝히는 문법적법칙의 체계를 단어와 보조적 단어, 접사부분 등 곳곳에 산재하게 만든다. 문에 구비된 문법적법칙을 여기

【형태론의 기술을 마치면서】 181

저기의 문에서 벌레먹듯이 잘라모아 그것을 문법적 의미가 실현하는 조건으로 설명하는 것으로 각 항목별로 기술하는 나열에 머무르지 않을 수 없게 된다.

따라서, 본서에서는 구문론에 있어서의 진술론·구조론이 밝히는 문법적 법칙의 체계성을 추구하는 점에서, 보조적 단어, 접사를 정당하게 관찰하는 방법을 제안하고 장려하고자 한다. 이 관찰방법에 의해 비로소 단어를 사용하여 문을 구성하는 법칙의 원리, 즉, 단어와 문의 상호연관의 체계성을 체계적으로 생각할 수 있게 되며, 홍미깊게 문법적 현상을 관찰할 수 있게 된다.

이렇게 해서, 여러분은 구문론의 관점에서의 문법적법칙의 체계성을 추구하는 작업이 일본어를 보다 실질적으로 알아가는 확실한 방법임을 알았으면 한다. 하지만, 문법이해를 위해서는 구문론과 형태론의 양방이 필요하며, 구문론에만 치우쳐서는 안된다는 점을 지적하고 싶다. 이러한 의미에서 본서의 형태론은 빈약하다고 할 수 있다. 스즈키(鈴木重幸)의 『形態論・序説』(1996)을 참고 바란다.

예문의 채집대상일람과 그 약칭은 생략한다. 용례의 채집과 정리는 소토야마(外山善朗)가 작성한 sic를 사용했다. 감사의 뜻을 전한다.

2003년 1월 26일 다카기 가즈히코

【참고문헌 일람】

1	ことばの研究・序説	奥田靖雄著	むぎ書房
1-1	語彙的な意味のあり方		
1-2	語彙的なものと文法的なもの		
1-3	言語における形式		
1-4	単語をめぐって		
1-5	連用、終止、連体		
1-6	言語の単位としての連語		
1-7	アスペクトの研究をめぐって		
1-8	アスペクトの研究をめぐって(講義)		
1-9	格助詞・渡辺実君の構文論をめぐって		
1-10	意味と機能		
1-11	構文論の再出発・エフ．ダネシュの見解から		
1-12	言語の体系性		
1-13	文のこと		
1-14	音韻についての覚書　　ｅ．サピアの音韻論について		
1-15	日本語動詞の語幹について		
1-16	日本語における主語		
1-17	『文法教育の革新』について		
2	日本語研究の方法	松本泰丈編	むぎ書房
2-1	言語における形式	奥田靖雄	
2-2	単語をめぐって	奥田靖雄	
2-3	語彙的なものと文法的なもの	奥田靖雄	
2-4	近代日本語の音韻体系	上村幸雄	
2-5	語彙的な意味のあり方	奥田靖雄	
2-6	意味の体系性	宮島達夫	
2-7	あわせ名詞の意味記述をめぐって	湯本昭南	
2-8	慣用句研究のために	高木一彦	
2-9	品詞、形態論	新川　忠	
2-10	四段活用論の成立	鈴木重幸	
2-11	明治以後の四段活用論	鈴木重幸	

2-12	アスペクトの研究をめぐって	奥田靖雄	
2-13	連用、終止、連体	奥田靖雄	
2-14	連体形のもつ統語論的な機能と形態論的な性格の関係		
		高橋太郎	
2-15	言語の単位としての連語	奥田靖雄	
2-16	変形をめぐって	松本泰丈	
3	日本語文法・形態論	鈴木重幸著	むぎ書房
4	日本語文法・連語論	言語学研究会編	むぎ書房
4-1	編集にあたって	奥田靖雄・鈴木重幸・鈴木康之	
4-2	を格の名詞と動詞とのくみあわせ	奥田靖雄	
4-3	を格のかたちをとる名詞と動詞とのくみあわせ	奥田靖雄	
4-4	に格の名詞と動詞とのくみあわせ	奥田靖雄	
4-5	で格の名詞と動詞とのくみあわせ	奥田靖雄	
4-6	へ格の名詞と動詞のくみあわせ	渡辺友左	
4-7	カラ格の名詞と動詞とのくみあわせ	渡辺義夫	
4-8	から格の名詞と動詞とのくみあわせ	荒　正子	
4-9	各助詞「まで」の研究	井上拡子	
4-10	まで格の名詞と動詞とのくみあわせ	荒　正子	
5	言語の研究	言語学研究会編	むぎ書房
5-1	現代日本語のテンス	鈴木重幸	
5-2	アスペクチュアルな意味を実現する条件についての考察	渡辺義夫	
5-3	連体動詞句と名詞のかかわりあいについて	高橋太郎	
5-4	「副詞と動詞とのくみあわせ」試論	新川　忠	
5-5	に格の名詞と形容詞とのくみあわせ	松本泰丈	
5-6	規定語と他の文の部分との移行関係	鈴木康之	
5-7	慣用句の文法的な特徴	高木一彦	
5-8	あわせ名詞の構造	湯本昭南	
6	語彙教育－その内容と方法－	教科研東京国語部会・言語教育研究サークル著	むぎ書房
7	単語指導ノート	宮島達夫著	むぎ書房
8	日本語動詞のアスペクト	金田一春彦編	むぎ書房
8-1	国語動詞の一分類	金田一春彦	

8-2	日本語動詞のテンスとアスペクト		金田一春彦	
8-3	日本語の動詞のすがた(アスペクト)について			
	－スルと－シテイルの形		鈴木重幸	
8-4	日本語の動詞のとき(テンス)とすがた(アスペクト)			
	について　－シタとシテイタ		鈴木重幸	
8-5	「動詞＋ている」の意味		藤井 正	
8-6	すがたともくろみ		高橋太郎	
8-7	現代日本語動詞のアスペクトの研究		吉川武時	
8-8	日本語動詞のアスペクト研究小史		高橋太郎	
9	アスペクト　バーナード・コムリー著		山田小枝訳	むぎ書房
10	国語国字問題の理論		鈴木康之編	むぎ書房
11	読み方教育の理論		奥田靖雄・国分一太郎編	むぎ書房
12	国語科の基礎		奥田靖雄著	むぎ書房
13	国語教育の理論		奥田靖雄・国分一太郎編	むぎ書房
13-2	語彙教育・いくつかの要点		宮島達夫	
13-3	使用のなかにある単語		奥田靖雄	
13-7	語い論とその教育		宮島達夫	
14	続国語教育の理論		奥田靖雄・国分一太郎編	むぎ書房
14-1	学校文法批判・文節について		鈴木重幸	
14-2	文語文法批判		鈴木康之	
14-3	意味の体系性		宮島達夫	
15	現代日本語文法序説		日本文法研究会編	桜風社
16	文法		高橋太郎著	教科書
17	文法と文法指導		鈴木重幸著	むぎ書房
18	動詞論		奥田靖雄著	(プリント)
19	名詞論		奥田靖雄著	(プリント)
20	動詞の研究　動詞の動詞らしさの発展と消失		高橋太郎著	むぎ書房
21	語彙論研究		宮島達夫著	むぎ書房
22	形態論序説		鈴木重幸著	むぎ書房
23	ことばの科学　1		言語学研究会編	むぎ書房
23-1	うけみ構造の文		村上三寿	
23-2	使役構造の文		佐藤里見	
23-3	現実・可能・必然(上)		奥田靖雄	

24	ことばの科学 2	言語学研究会編	むぎ書房

- 24-1　なかどめ―動詞の第二なかどめのばあい―
　　　　　言語学研究会・構文論グループ
- 24-2　接続詞の記述的な研究　　　　　比毛　博
- 24-3　動詞の活用形・活用表をめぐって　鈴木重幸
- 24-6　動詞の意味範囲の日中比較　　　宮島達夫
- 24-7　英語における動詞の語彙的な意味と
　　　　アスペクト　　　　　　　　渡辺慎吾

25	ことばの科学 3	言語学研究会編	むぎ書房

- 25-1　奥田靖雄の言語学―とくに文法論を
　　　　めぐって　　　　　　　　　鈴木重幸
- 25-2　現代日本語のパーフェクトをめぐって　工藤真由美
- 25-3　接続詞「とき」によってむすばれる、
　　　　時間的なつきそい・あわせ文
　　　　　言語学研究会・構文論グループ
- 25-4　動詞のうけみのかたちにおける結果相　村上三寿
- 25-5　形容詞の意味的なタイプ　　　荒　正子
- 25-6　なかどめ―動詞の第一なかどめのばあい
　　　　　言語学研究会・構文論グループ
- 25-7　評価的な文　　　　　　　　樋口文彦
- 25-8　日本語のイントネーション　　上村幸雄
- 25-9　英語のモーダルな助動詞canについて　渡辺慎吾

26	ことばの科学 4	言語学研究会編	むぎ書房

- 26-1　現代日本語の受動文　　　　　工藤真由美
- 26-2　使役構造の文　　　　　　　　佐藤里見
- 26-3　なかどめ　　　　　　　　　　新川　忠
- 26-4　説明　　　　　　　　　　　　奥田靖雄

27	ことばの科学 5	言語学研究会編	むぎ書房

- 27-1　「してしまう」の意味　　　　藤井由美
- 27-2　いわゆる状態のうけ身 statal passive の
　　　　意味について　　　　　　　渡辺慎吾
- 27-3　主語論をめぐって　　　　　　鈴木重幸
- 27-4　依頼文―シテクレ、シテクダサイ―　佐藤里見

	27-5	勧誘文 ーショウ、シマショウー	樋口文彦	
	27-6	説明(その2)ーワケダー	奥田靖雄	
	27-7	点の打ち方	比毛　博	
２８		ことばの科学　6	言語学研究会編	むぎ書房
	28-1	『ことばの科学』第6集の発行にあたって	鈴木重幸	
	28-2	小説の地の文のテンポラリティ	工藤真由美	
	28-3	命令文ーしろ、しなさいー	村上三寿	
	28-4	「しておく」を述語にする文	笠松郁子	
	28-5	同時性をあらわす時間的なつきそい・あわせ文		
		「あいだ」と「うち」	言語学研究会・構文論グループ	
	28-6	説明(その3)	奥田靖雄	
	28-7	大島義夫の経歴と活動	熊木秀夫	
２９		ことばの科学　7	言語学研究会編	むぎ書房
	29-1	『ことばの科学』第7集の発行にあたって		
	29-2	小説の地の文のテンポラリティ	工藤真由美	
	29-3	命令文ーしろ、しなさいー	村上三寿	
	29-4	「しておく」を述語にする文	笠松郁子	
	29-5	同時性をあらわす時間的なつきそい・あわせ文		
		「あいだ」と「うち」	言語学研究会・構文論グループ	
	29-6	説明(その3)	奥田靖雄	
	29-7	大島義夫の経歴と活動	熊木秀夫	
３０		ことばの科学　8	言語学研究会編	むぎ書房
	30-1	言語研究と琉球方言学	上村幸雄	
	30-2	『動詞教授資料』の結合価研究	宮島達夫	
	30-3	否定文とディスコース	工藤真由美	
	30-4	うけみ構造の文の意味的なタイプ	村上三寿	
	30-5	名詞述語文の意味的なタイプ	佐藤里見	
	30-6	奥田靖雄の著作目録	樋口文彦	
３１		ことばの科学　9	言語学研究会編	むぎ書房
３２		ことばの科学　10	言語学研究会編	むぎ書房
３６		文とは何か？	高木一彦　海山文化研究所	
３７		アスペクト・テンス体系とテクスト	工藤真由美	ひつじ書房
３８		日本語類議表現の文法(上)	宮島達夫・仁田義雄編	くろしお出版

39	日本語類議表現の文法(下)	宮島達夫・仁田義雄編	くろしお出版
40	『うなびこ』1号	日本語学研究会編	
40-1	慣用句の記述について	高木一彦	
40-2	「ことばと発達レポート」	遠藤純一	
41	『うなびこ』2号	日本語学研究会編	
41-1	復刊のことば・日本語学研究会入会案内・規約		
41-2	さそいかけ文(1)	外山善朗	
41-3	会員名簿		
42	『うなびこ』3号	日本語学研究会編	
42-1	形象をつくりあげるために	後藤邦昭	
42-2	「ああ！」の意味	高木一彦	
43	『うなびこ』4号	日本語学研究会編	
43-1	評価文の研究(1)	大川俊秋	
43-2	言語に定着した評価の表現手段	高木一彦	
44	『うなびこ』5号	日本語学研究会編	
44-1	さそいかけ文(2)-1	外山善朗	
44-2	「読み」について	後藤邦昭	
45	『うなびこ』6号	日本語学研究会編	
45-1	「わたしと小鳥とすず」を読む	平山雅子	
45-2	会話文における「～のだ」(1)	酒井悠美	
46	『うなびこ』7号	日本語学研究会編	
46-1	言語作品の読み　高田敏子「橋」について	石川晶子	
46-2	「読み」1　詩「水槽」	田中実生	
47	『うなびこ』8号	日本語学研究会編	
47-1	評価文の研究(2)	大川俊秋	
47-2	詩の読み　三保にずえ「ゴリラ」	外山善朗	
48	『うなびこ』9号	日本語学研究会編	
48-1	さそいかけ文(3)	外山善朗	
48-2	「あける」を述語にもつ文	石川晶子	
48-3	文の部分とその材料と	高木一彦	
49	『うなびこ』10号	日本語学研究会編	
49-1	言語による比喩表現をめぐって	たかき　かずひこ	
49-2	「あさがおのつる」を読む	ひらやま　まさこ	

５０　『うなびこ』１１号　　　　　　　　　　　日本語学研究会編
　　　50-1　　はやさをあらわす副詞-　　　　　　　酒井悠美
　　　50-2　　さそいかけ文(４)-シテクレ －シテヤレ －シテモラエ　　外山善朗
　　　50-3　　目的をふくむ文(１)「ために」フォームの部分　　　迫田健一郎
　　　50-4　　対立するかたちにみえる慣用句の意味(２)
　　　　　　　　「目がさめる」と「目をさます」の場合　小島尚子
　　　50-5　　副詞と副詞との組み合わせの記述的な調査から　たかぎかずひこ
５１　『うなびこ』１２号　　　　　　　　　　　日本語学研究会編
　　　51-1　　変化のプロセスや結果のようすをあらわす副詞　酒井悠美
　　　51-2　　副詞の意味　しみじみ・つくづく・　　田中実生
　　　51-3　　「ミミコの独立」研究と実践　　　　　大川俊秋
５２　『うなびこ』１３号　　　　　　　　　　　日本語学研究会編
　　　52-1　　きがまえの陳述詞　　　　　　　　　　酒井悠美
　　　52-2　　動詞のアスペクト体系とテキスト(文章)の授業　宮尾悟朗
５３　『うなびこ』１４号　　　　　　　　　　　日本語学研究会編
　　　53-1　　さそいかけ文　「～していろ」　　　　外山善朗
　　　53-2　　詩のよみ　　　　　　　　　　　　　　広沢幸子
５４　『うなびこ』１５号　　　　　　　　　　　日本語学研究会編
　　　54-1　　評価文の研究(３)　　　　　　　　　　大川俊秋
　　　54-2　　古典語動詞の形態変化　　　　　　　　宮尾悟朗
　　　54-3　　文の作り手と陳述の問題(粗稿)　　　　高木一彦
５５　『うなびこ』１６号　　　　　　　　　　　日本語学研究会編
　　　55-1　　「～シニ」フォームの目的をふくむ文　迫田健一郎
　　　55-2　　素朴な疑問からの課題だて　　　　　　高木一彦
　　　55-3　　授業実践報告　古典語動詞のテンス・アスペクト　宮尾悟良
５６　『うなびこ』１７号　　　　　　　　　　　日本語学研究会編
　　　56-1　　「さあ」について　　　　　　　　　　外山善朗
　　　56-2　　用語「限界」について　　　　　　　　高木一彦
　　　56-3　　詩「青葉の下」を授業して　　　　　　広沢幸子
５７　『うなびこ』１８号　　　　　　　　　　　日本語学研究会編
　　　57-1　　文の内部の分析のために　　　　　　　高木一彦
　　　57-2　　１人称単数の文その２「～シタイ」の文　外山善朗
　　　57-3　　谷川俊太郎の詩「ことば」の読み　　　三沢小百合

57-4	谷川俊太郎の詩「夕方」の読みと授業報告	石川晶子
57-5	授業記録「少年の日の思い出」	大川俊秋
5 8	『うなびこ』19号	日本語学研究会編
58-1	1人称の文「シタイ」「シヨウ」のモダリティについて　その2　「シヨウ」の文	外山善朗
58-2	単語とそして文と　「ばかに」を例に	たかきかずひこ
58-3	中原中也「汚れっちまった悲しみに」の読み	今井秀和
5 9	『うなびこ』20号	日本語学研究会編
59-1	やりもらい文の研究によせて	たかきかずひこ
59-2	「しておけ」文の検討メモ	外山義朗
59-3	詩の読み　菊田守「蚊の生涯」	田村美紀
6 0	『うなびこ』21号	日本語学研究会編
60-1	評価文の研究(4)	大川俊秋
60-2	古典語の名詞述語文についての一考察	石川晶子
60-3	日本語	たかきかずひこ

역자후기

 이 책은 일본어의 「형태론(morphology)」에 주목해서 가장 기본적인 단어의 인정을 통하여 문안에서 단어의 어형이 갖는 의미와 단어의 어형이 어떻게 문의 성분으로 이용되는지와의 관계를 훌륭히 풀어낸 수작으로 평가할 수 있다. 종래의 문법론은 단어 및 보조적인 단어, 그리고 접사(이 또한 일본의 학교문법에서는 단어로 인정하고 있음, 역자주)가 갖는 개개의 문법적 의미를 각 항에서 설명하는데 머물러 전체적인 체계에 대한 계통적인 이해가 어려웠던 것이 사실이다. 이 책은 단어 및 보조적인 단어, 그리고 접사에 관한 형태론적인 특징 역시 통사론의 체계를 통하여 관찰 가능하다는 입장에서 출발하고 있다. 이 책을 통하여 「형태론」과 「통사론」의 양 관점에서 문법적 법칙의 체계성을 추구하는 것이 일본어의 본질적인 이해를 위한 보다 확실한 방법임을 다시 한번 확인할 수 있었다.
 번역을 하면서 단어와 문과의 관계를 이렇게 체계적으로 꼼꼼하게 풀어갈 수 있을까 하는 감탄과 함께 이 작업이 결국은 누구를 위한 것이 아니고 필자자신을 위한 작업이었음을 새삼 느끼게 되었다. 이러한 방법론으로 타 언어를 비교하는 것도 언어의 전반적인 이해에 크게 도움이 될 것으로 생각된다. 일본어를 전공하는 학생뿐 아니라 언어학 전반에 관심이 있는 분들에게 권하고 싶다.

【역자후기】

　선생님을 처음 만난 것은 1989년 요코하마국립대학(橫浜国立大学)의 석사과정 재학시절, 수업시간에 접하게 된 선생님의 논문을 통해서였다. 그 후 다이토분카대학(大東文化大学) 박사과정에 진학하면서 일본어문법연구회, 언어학연구회, 그리고 이즈(伊豆)에서의 합숙세미나를 통해서 많은 것을 배울 기회를 가질 수 있었다. 특히 이즈의 세미나장소는 형편이 어려운 학생을 위하여 선생님 자신이 합숙장소를 마련해야겠다는 생각에서 장기간의 계획에 걸쳐 이루어진 곳으로, 매학기 자신의 전공수업학생은 물론 연구자들의 합숙세미나장소로 이용되고 있다.

　선생님으로부터 원고를 받은 것은 2000년 7월이었다. 필자의 부족함으로 시간이 걸리는 과정에서 선생님께서 해마다 교정판을 보내주시는 바람에 몇 번이나 처음부터 다시 수정된 부분을 작업하느라 시간이 더 걸린 것은 사실이지만, 수십년 해오신 연구물을 지금까지도 매년 수정하시는 모습에서 새삼 머리가 숙연해졌다 한국어판으로 소개된다는 데에 무척 기뻐하시며 수시로 관련자료를 챙겨 주신 선생님께 다시 한번 감사드린다.

　2003년 여름, 합숙세미나를 겸해 이즈를 방문하여 하나하나 여쭈어보고 확인하는 과정을 거쳐 이제야 마무리를 짓게 되었다. 올 여름에는 좀 더 가벼운 마음으로 이즈의 합숙에 참여할 수 있을 것 같다. 마지막으로 어려운 여건 속에서 흔쾌히 전공서 간행을 맡아 주신 J&C출판사와 관계자 여러분에게 이 자리를 빌어 감사의 말씀을 전한다.

2004년 1월 31일
이 미 숙

| 저자 | 髙木一彦(다카기 가즈히코)

현, 日本 大東文化大学 文学部 名誉教授

【주요 논문】
1974년 「慣用句研究のために」『国語教育38』
1981년 「「だれが」「どうする」について」『国文研究6』
1994년 「独立語文研究のために」『日本文学研究33』
1999년 「単語の持つ意味特徴の階層」『国文学解釈と鑑賞64』

【저서】
1994년 『日本語の文法』AアンドA社
1998년 『文とは何か?』海山文化研究所
1998년 『語形とは何か?』海山文化研究所
2001년 『精読の基礎』日本語学研究会
2001년 『詩の読み(1)』日本語学研究会

| 역자 | 李美淑(이미숙)

현, 명지대학교 일어일문학과 교수

【주요논문】
2001년 「韓日両語の動詞結合構成の体系及び統語性についての対照研究」『日本学報46』
2002년 「A comparative study of the syntactic characteristics and the meaning of 'te kuru'and 'e/a ota'」『日本学報50 国際版』
2002년 「일본어의 「〜てくる」와 「〜어 오다」대조연구」『日語日文学研究43』
2003년 「学習者の誤用から日本語学を考える」『国文学解釈と鑑賞68』日本:至文堂
2003년 「일본어에 나타난 여성언어의 특징에 관한 연구」『日語日文学研究46』

【저·역서】
1996년 『現代日本語動詞のアスペクト研究』日本:大東文化大学 人文科学研究所
1999년 『실용 일본어초급』『실용 일본어중급』(공저) 박이정
2000년 『일본어학의 상식』(원저자; 鈴木康之) 역락
2004년 (개정판)『일본어의 문법』(원저자; 高橋太郎)(공역) 박이정
2004년 『재미있는 일본어 베이직Ⅰ』(공저) (주)J&C출판사
2004년 『일본어의 통사론』(원저자; 髙木一彦) (주)J&C출판사

일본어의 형태론

초판인쇄 2004년 5월 3일
초판발행 2004년 5월 12일

저 자 高木一彦
역 자 이미숙
발행처 (주) J&C
편 집 심현숙, 최남순
제 작 김성규
인 쇄 태광인쇄
등 록 제 7-270호

132-031 서울 도봉구 쌍문동 358-4 성주 B/D 6F
TEL (02)992-3253   FAX (02)991-1285
jncbook@hanmail.net | http://www.jncbook.co.kr

COPYRIGHT ⓒ2004 by Lee, Mi Suk All rights reserved including the rights of
            reproduction in whole or in part in any form. Printed in KOREA

ISBN 89-5668-088-4 03730

정가 8,000원

· 저자 및 출판사의 허락 없이 이 책의 일부 또는 전부를 무단복제·전재·발췌할 수 없습니다.
· 잘못된 책은 바꿔 드립니다.